비트코인 시대

인문학으로 푼 암호

비트코인 시대
©정수현

2018년 8월 22일 초판 1쇄 펴냄

펴낸곳 J&J Culture
펴낸이 정수현

인 쇄 수이북스
디자인 디자인 지폴리

등 록 2017.08.16 제300-2017-111호
주 소 서울시 종로구 경교장길 35, 303-704

전 화 010-5661-5998
팩 스 0504-433-5999
이메일 litjeong@hanmail.net

ISBN 979-11-961759-5-5 03300

값 15,000원

* 이 도서의 국립중앙도서관 출판예정도서목록(CIP)은 서지정보유통 지원시스템 홈페이지(http://seoji.nl.go.kr)와 국가자료공동목록시스템(http://www.nl.go.kr/kolisnet)에서 이용하실 수 있습니다. (CIP제어번호: CIP2018025235)

주문은 문자로~! 010-5661-5998
입금계좌 국민은행 813001-04-086498
예금주 제이제이컬처

비트코인
시대

정수현 지음

인문학으로 푼 암호

J&J Culture

| 머리말 |

  가상화폐, 암호화폐, 가상통화, 가상증표, 비트코인… 연일 화제에 오르고 있는 비트코인(일명 암호화폐)은 아직도 제대로 된 이름을 찾지 못하고 표류하고 있다. 우리가 개념 규정도 못하고 우왕좌왕하는 사이에 우리나라의 암호화폐 시장 규모는 세계 3위에 올라섰고, 우리 일상의 곳곳을 파고들었다. 암호화폐는 이제 단순한 투기 상품이 아니라 우리 사회의 문화코드로 자리 잡고 있다. 우리 시대의 비트코인 열풍은 단순한 이야깃거리가 아닌 정치, 경제, 사회, 문화, 과학기술 등 다양한 문제가 얽힌 사회현상이다.

  비트코인은 많은 사람의 관심 속에 있지만 정작 이것이 무엇인지 제대로 아는 사람은 드물다. 블록체인, 트랜잭션, 해시,

탈중앙화, 작업증명, 지분증명, P2P 거래 등 생소한 개념과 용어가 무수히 등장하는데다 기존 화폐의 기능과 시스템으로 이해하는 데는 한계가 있기 때문이다. 이 분야 전문가라는 사람들도 대중에게 이해하기 쉽게 잘 설명하지 못한다.

비트코인을 구성하는 기술적 요소들, 비트코인과 블록체인을 둘러싼 산업적 측면들, 비트코인과 블록체인의 경제적 측면, 그리고 비트코인으로 생각해보는 국가와 개인이라는 철학적 측면까지, 어느 한 측면도 중요하지 않은 것이 없다. 비트코인을 비롯한 암호화폐는 자본주의를 작동시키는 은행과 화폐 시스템에 대한 기술적 혁명이지만, 그 복잡한 원리를 이해하는 것만으로는 한계가 있어서 인간과 기술과 사회의 유기적 관계를 재정립해야만 정확히 알 수 있다. 바로 여기에 꼭 필요한 것이 인간을 중심으로 연구하는 학문인 '인문학'의 역할이다.

이 책은 비트코인에 관심은 있지만 딱딱한 기술서적을 펴들 엄두를 못내는 초보자들을 위한 책이다. 쉽고 재미있는 이야기로 엮어 비트코인, 블록체인, 4차 산업혁명으로 이어지는 흐름의 연속성을 짚어주며 이해를 돕고자 했다. 이 책은 총 3개의 장과 20개의 절로 구성되어 있다. 먼저 기술적인 부분을 다루고 있는 〈1부 비트코인과 밥〉에서는 비트코인이 어떻게 발행되고, 어떤 원리로 돈이 생겨나고 거래되는지에 관한 구체적인 정보를 다루고 있다. 이를 통해 비트코인으로 밥을 사먹을 수 있는 기술이 어떻게 가능한지를 알려준다. 경제적인 부분을 다루고 있는 〈2부 비트코인과 김치프리미엄〉에서는 비트코인이 어떻게 유통되는지, 어떤 장단점이 있는지를 경제학적 시각으로 설명해준다. 문화적인 분석을 하고 있는 〈3부 비트코인 인문학〉에서는 비트코인과 블록체인으로 바뀌어갈 우리사회의 모습, 그리고 좋은 기술에 기반 한 착한 비트코인이 되기 위한 인문학의 역할을 구체적으로 보여준다.

이 책은 비트코인에 대한 지식이 전혀 없는 독자, 비트코인에 대한 기술적인 지식은 있지만 사회문화적 깊이를 원하는 독자, 비트코인에 대해 제대로 알고 투기가 아닌 투자를 하고자 하는 독자, 그리고 현재 우리나라에서 벌어지고 있는 다양한 문화현상들을 분석하고자하는 문화연구자들에게 도움이 될 수 있을 것이다. 또한 암호화폐에 대하여 이미 익숙하다고 자부하는 사람들도 사회문화적으로 미칠 파장에 대해서는 전문적인 깊이를 느끼기에 부족함이 없을 것이다.

경제에도 어둡고, 수학에도 어둡고, 이런저런 것들에 어두운 필자가 첨단 기술로 만들어진 비트코인이라는 낯선 대상을 이해하고 설명한다는 것이 결코 쉬운 일이 아니었다. 인문학자가 다루기에 버거운 주제이기는 했지만 누군가는 반드시 풀어야 할 문제이기에 어렵사리 비트코인이 담긴 상자의 암호를 하나 하나 풀어보았다. 그 '보상'은 비트코인이 아니라 독자들의 관심과 환호로 받고 싶다. 미래를 준비하는 과정, 새로운 기술과 문화를 이해하는 과정으로 이 책을 활용하면서 투자로 돈도 버는 기회를 얻기 바란다.

2018년 8월

정 수 현

차례

머리말 ··· 4

1장 비트코인과 밥

비트코인과 e사랑방	12
비트코인과 밥	22
꽃과 동전	34
막장과 채굴	45
황금광 시대와 비트코인	56
셰익스피어와 4차 산업혁명	67

2장 비트코인과 김치프리미엄

호리병과 엽전 ·········· 78
된장녀와 김치프리미엄 ·········· 88
덤과 에어드롭 ·········· 98
스타벅스와 비트코인 ·········· 108
아파트와 비트코인 ·········· 119
흙수저와 비트코인 ·········· 130
사과상자와 비트코인 ·········· 142
돈가스와 사토시 나카모토 ·········· 153

3장 비트코인 인문학

사촌 땅과 비트코인블루 ·········· 166
코인무당과 재물운 ·········· 177
오발탄과 가즈아 ·········· 188
경주 최부자와 블록체인 ·········· 199
여성인권과 비트코인 ·········· 211
비트코인 인문학 ·········· 221

1장

비트코인과 밥

비트코인과
e사랑방

뉴욕타임스는 한국의 인구는 미국의 6분의 1에 불과하지만 비트코인을 비롯한 암호화폐 원화 거래액은 달러 거래액보다 많다며 암호화폐^{暗號貨幣, cryptocurrency} 열기가 한국보다 더 뜨거운 곳은 없다고 평가했다. 이어 미국, 중국 등에서 암호화폐 시장이 몇 년간 성장한 것과 달리 한국의 시장은 1년 전부터 갑작스럽게 팽창했다고 덧붙였다.(NYT. 2017.12.4)

한국에서 유난히 암호화폐에 대한 과열 현상이 일어난 이유는 무엇보다도 한국의 뛰어난 IT^{Information Technology, 정보기술} 네트워크 발달과 한국인들의 신기술에 대한 호기심 때문이라고 할 수 있다.

비트코인Bitcoin이란 인터넷이 연결된 곳에서 사용할 수 있는 새로운 형태의 돈이다. 비트코인은 '인터넷 접속만으로 세상을 바꿀 혁명'이라고 일컬어진다. 왜냐하면 별도의 관리자 없이도 사용자가 인터넷을 통하여 타인에게 디지털 재산을 안전하게 넘겨주는 일이 가능해졌기 때문이다.

우리 사회에서 30세를 전후로 한 세대는 어릴 때부터 인터넷 게임을 즐겼기 때문에 게임 머니 사용에 익숙하다. 인터넷에서만 사용할 수 있는 사이버 머니였던 싸이월드의 '도토리'는 현금을 대신하는 새로운 결제수단이었다. 지금은 모바일 메신저인 '카카오톡'에서 이모티콘을 사기 위해서 '초코'를 쓰고 있다. 도토리는 SK에서, '초코'는 '카카오톡'에서 만들고 관리하지만 비트코인은 관리자가 없다는 것이 다르다. 이처럼 '도토리'나 '초코' 같은 '가상화폐'를 사용해 보았던 한국인의 경험이 비트코인을 받아들이기에 좋은 환경을 만들고 있다.

또한 기술 인프라 측면에서 볼 때도 비트코인은 주로 스마트폰 애플리케이션을 통해 이용되기 때문에 모바일과 인터넷 연결성이 원활해야 하는데 세계 1위 4G망을 구축한 한국은 최적의 사용 여건을 갖추고 있다. 이처럼 한국에서 암호화폐 시장이 단기간에 클 수 있었던 것은 뛰어난 IT환경 덕분이었다.

기술적인 측면 뿐 아니라 한국에서 비트코인을 비롯한 암호화폐 시장이 빠르게 확산된 원인은 인터넷과 모바일을 기반으로 한 SNS의 힘 또한 결정적이었다. SNS란 온라인상에서 불특정 타인과 관계를 맺을 수 있는 서비스로 정확한 명칭은 '소셜 네트워크 서비스' Social Network Service이며 약자를 따서 'SNS'라고 부른다. '특정한 관심이나 활동을 공유하는 사람들 사이의 관계망을 구축해 주는 온라인 서비스'라고 사전에서 정의하고 있다. 그동안 카카오톡, 트위터, 페이스북, 라인, 밴드 등 손으로 꼽을 수 없을 정도로 많은 소셜 미디어가 등장했다. 아직도 새로운 소셜미디어의 등장은 진행 중이다.

SNS 열풍은 전 세계적인 현상이지만 특히 우리나라에서는 소통을 위한 중요한 수단으로 일찌감치 자리매김했고 그 인기는 대단하다. 국민 메신저로 불리는 카카오톡의 국내 가입자 수만 3,500만 명이라고 한다. 한 사람이 적게는 2~3개의 SNS를 이용하는 추세로 보면 SNS 이용자 수가 총 인구 수 보다 많은 셈이다. SNS 확산 초기만 해도 주 사용자층은 젊은 세대였으나 요즘은 전 연령층이 SNS를 손쉽게 이용하는 모습을 볼 수 있다.

이와 같은 SNS 활성화의 일등공신은 스마트폰의 보급이다. 글로벌 시장조사기관 TNS Taylor Nelson Sofres에 따르면 2016년 3

월 기준 우리나라의 스마트폰 보급률은 91%로 싱가포르, 아랍에미리트와 함께 세계 1위이다. 한국인 10명 중 9명은 스마트폰을 사용한다는 것이니 전통적인 IT 강국의 저력을 발휘한 결과다. 또한 스마트폰은 단절되어 가던 현대인의 '소통'의 문제에도 새장을 열었다.

우리민족의 전통적인 소통문화의 중심은 '사랑방'이었다. 안채와 별도의 공간을 두어 손님을 맞이하고 이야기를 나누던 사랑방은 대표적인 대화의 공간으로 오랜 세월 자리매김해 왔다.

1950년대 이전까지만 해도 시골에는 마을마다 사랑방이 있었다. 미리 사람들을 초대하거나 언제 가겠다고 예약할 필요는 없었다. 누구나 저녁밥 먹고 그냥 어슬렁어슬렁 걸어 들어가 빈자리를 찾아 앉기만 하면 됐다. 그곳에는 잡담과 웃음, 이런저런 세상 소문들이 가득 차 있었다. 해 뜨면 들에 나가 일하고 해 지면 집에 들어가 잠자는 농민들에게 사랑방은 정보 교환 장이자 사교장으로 귀중한 역할을 했던 곳이다. 『한국인만 모르는 다른 대한민국』(21세기북스, 2013)에서 임마누엘 페스트라이쉬(한국명 이만열) 경희대학교 교수는 한국 전통문화에서 재평가할 항목으로 조선 시대의 사랑방 문화를 꼽았다. 사랑방은 문학이나 예술 분야의 사람과 행정 관료, 학자들이 함께 모여 교류하는 장이었는데, 이러한 한국의 전통 공간은 그

곳에 모인 이들에게 좋은 자극이 됐고 새로운 아이디어를 창출하는 데 도움을 주었다고 한다.

1950년대 이후 전통적인 사랑방은 다방으로 대체되었고 다방은 굴곡 많은 한국 근현대사만큼이나 복잡다단한 과정을 거치면서 진화에 진화를 거듭했다. 이제 다방은 역사의 퇴물로 전락했지만 다방은 오랫동안 한국인들의 문화공간이었다. 예술인들의 아지트였고 6.25 전쟁과 근대화 과정에서는 일반 시민들이 즐겨 찾는 휴게실이자, 맞선장소였다. 70년대에 들어서 다방은 음악 감상실이었고 대중문화의 산실 역할도 했다. 이렇게 우리의 모든 중요한 소통이 다방에서 이루어져 왔다. 커피와 다방은 '한국인의 사교행위의 주요 매개수단'(『고종 스타벅스에 가다』 강준만, 인물과 사상, 2009)이었던 것이다. 우리의 사랑방이 다방, 그리고 카페나 커피숍으로 명칭은 변했지만 한국인들이 커피 파는 장소를 찾는 것이 커피 그 자체를 즐기기 위해서가 아니라 사회적 관계를 맺기 위해서라는 것은 세월이 흘러도 변함이 없다.

한국인들의 주거공간의 현대화로 사랑방은 이제 우리의 기억 속에만 남아 있는 과거의 공간이 되어버렸고 다방은 이제 커피전문점으로 이름이 바뀌었다. 오늘날 다방은 역사의 저편, 혹은 시골의 어느 구석으로 밀려났고 나이 드신 어른들이 소일 삼아 읍내에 모여 담소를 나누는 장소로 변했다. 가수 최백호의 노래 〈낭만에 대하여〉처럼 "그야말로 옛날식 다방에 앉아" 낭만을 즐기던 추억의 공간 '다방'은 이제 50대 이상 세대들의 기억 속에만 남아 있는 과거의 공간이 되었다.

하지만 사랑방문화는 여전히 존재한다. 서로 이야기를 나누면서 정보를 공유하고 여론을 만드는 것은 옛날이나 지금이나 똑같다. 다만 그 방식이 오프라인에서 온라인으로 바뀌고 있을 뿐이다. 온라인 사랑방인 페이스북, 트위터, 텔리그램, 카카오톡, 밴드, 카페 등 각종 SNS들이 옛사람들이 마실가서 나누는 사랑방 대화를 복원해주고 있다. 사람들은 PC 뿐만이 아니라 모바일을 이용해서 자신들의 이야기를 공유하고 취미를 공유하고 의견을 개진하며 여론을 형성하고 있다. 집주인과 마음이 맞는 객들이 오며가며 사람 사는 이야기, 세상 이야기를 하는 우리의 전통 문화처럼 밴드장이나 카페지기의 비호 아래 같은 의견을 공유한다.

사랑방은 시대에 따라 형태는 달리해도 정보와 나눔, 연대가 있는 곳이다. 이런 면에서 오늘날 페이스북, 트위터, 카톡과 같은 SNS는 디지털식 사랑방이라고 할 수 있다. 접속만 하면 빠르고 편리하게 얘기하고 정보를 주고받으며, 만나지 못할 사람 또한 없다. 예약 같은 것도 필요 없다. 새벽이든 밤이

든 언제든 방문하여 의견을 남길 수 있다.

SNS의 시초는 PC통신이었다. 90년대 초반 전화선을 통해 접속하는 PC통신 천리안, 하이텔, 나우누리가 등장하였다. 모니터를 통해 낯선 이들과 실시간으로 대화를 나눈다는 것은 젊은이들에게 문화적 충격이었고, 수천 개의 온라인 동호회가 생겨나며 낯선 상대와 대화를 하고 연애를 시작하는 이들이 나타났다. 컴퓨터 게시판에서 만난 사람과 실제로 만나는 이야기를 다룬 영화 〈접속〉(1997)이 시대를 반영하듯 많은 인기를 누렸었다. "만나야 할 사람은 언젠가 꼭 만나게 된다고 들었어요"라는 영화 속 명대사는 당시의 PC통신 유행과 맞물려 수많은 온라인 연인들을 만들어 냈다. 과거 PC통신을 통하여 이루어졌던 사람과 사람사이의 접속이 현재는 SNS로 바뀌었다.

스마트폰의 등장과 대중화가 한국인들의 소통방식에 또 한 번 획기적인 변화를 가져왔다. 2008년 스티브 잡스가 '아이폰'으로 스마트폰 시대를 알리면서 2000년 후반부터는 스마트폰이 소통의 도구로 본격적으로 떠올랐다. 길을 가다가, 또 밥 먹으러 식당에 갔다가도 장소와 시간에 구애 받지 않고 언제, 어디서나 스마트폰만 있으면 SNS를 즐길 수 있게 됐다. 카톡 등 메시지 서비스와 SNS사용이 일상화되면서 휴대전화를 통해 낯선 사람과 소통하는 일이 자연스러워졌다. 이렇게 세월 따라 진화하는 만남의 장소는 이젠 모바일 속으로 들어왔다.

이러한 모바일문화는 우리의 삶 곳곳을 바꾸어 버렸다. 스마트폰 보급률 증가에 따라 물건을 살 때 소비자들이 정보를 얻는 방식은 물론 구매 패턴이 오프라인에서 온라인으로 변하고 있다. SNS를 기반으로 한 빠른 입소문은 요즘 한국인들의 소비 방식에 영향을 주고 있고, 암호화폐 투자 정보 교환을 위해 만들어진 단체 채팅방이나 온라인 커뮤니티가 성행하고 있다. 각종 암호화폐의 투자 정보를 사전에 발 빠르게 입수해 투자에 반영하고 있다.

암호화폐의 거래 방법도 다른 투자 상품 보다 쉽다. 스마트폰이나 개인용 컴퓨터로 간단한 거래소 가입절차만 거치면 암호화폐 거래가 가능하다. 게다가 적은 돈으로도 쉽게 투자할 수 있어서 게임을 하듯 재미로 시작한 투자자들이 많았다. 매매 또한 쉽게 할 수 있다. 한국인은 누구나 초고속 인터넷 기반과 가장 높은 스마트폰 보유율 덕분에 24시간 어디서나 암호화폐 시세를 조회할 수 있고, 관련된 정보를 인터넷에서 얻을 수 있다. 또한 점점 더 많은 사람들이 암호화폐 매매를 하면서, 유동성 또한 높아져서 코인을 현금화하기도 쉬워졌다.

또한 최근의 암호화폐 투자와 관련한 흥미로운 현상 중 하나는 투자자들 사이의 결속력이 아주 강하다는 점이다. 암호화폐의 투자자들은 인터넷 사이트를 통해 일종의 동질적인 정체성을 확인한다. 얼굴 한 번 본적 없고, 서로의 아이디만 알고 있어서 이름도 모르는 사이지만 폭락장에는 서로 위로하며 위기를 극복해 가고, 상승장에는 함께 환호하며 기쁨을 나누기도 한다. 실제 만남으로 이어져 동호회로 발전하는 경우도 종종 있다.

하지만, 불특정 다수가 보이지 않는 소통의 공간에서 호흡하게 되는 현대의 문화 사랑방인 채팅방은 SNS 커뮤니티 상에서 허위 정보를 대량 유출, 투기를 더욱 과열시킨다는 부정적 측면 또한 있다. 암호화폐 투자 정보 교환을 위해 만들어진 단체채팅방이나 온라인 커뮤니티에는 이름도 생소한 코인 홍보가 끊임없이 올라오곤 한다. 한순간에 휴지 조각이 될 위험이나 사기 범죄의 대상이 될 가능성 또한 배제 할 수 없다. 또한 여과되지 않은 언어의 남발 등이 새로운 사회문제로 뉴스거리가 되는 일들이 많다.

카카오톡이나 페이스북 등의 SNS는 한국인에게 더 이상 인터넷 서비스가 아니라 소통과 미디어 도구로, 아니 그 이상의 의미로 우리 삶에 이미 자리 잡았다. SNS에 접속하지 못하면 마치 집단에서 소외되는 것 같은 불안감을 느낀다고 호소하는 사람들도 늘어나고 있다. 누구나 함께 할 수 있는 이 시대가 낳은 가장 발전된 문화 사랑방이 바로 SNS이다.

한국이 주도할 SNS는 한국인 고유의 소통과 연대 방식인 '사랑방'에서 영감을 얻어야 할 것이다. 조선 시대 사랑방은 지적, 문화적 교류의 공간이었다. 세대를 초월해 한 방에 모여 따뜻한 이야기꽃을 피우면서도 장유유서 등 아름다운 전통을 이어왔던 사랑방은 비트코인이라는 새로운 신문물 도입에도 그 영향을 미치고 있다.

비트코인과 밥

먹을 것, 곧 음식은 동서고금을 막론하고 인간의 주된 관심사 가운데 하나였다. 이탈리아 농민들의 소망은 '다섯 가지 파스타를 먹을 수 있는 삶'이었다고 한다. 프랑스인들은 알렉상드르 뒤마 Alexandre Dumas가 『몽테크리스토 백작 Le Comte De Monte Cristo』(1845)에 묘사한 것처럼 '샤토브리앙 Chateaubriand, 안심 스테이크이 식탁에 오르는 살림살이'를 소망했다. 영국에서는 제 2차 세계대전 후 윈스턴 처칠 Winston Churchill이 국민이 내핍을 겪을 때마다 1년 안에 '설로인' sirloin steak, 등심 스테이크을 식탁에 놓아 주겠다는 약속을 했다고 한다. 프랑스인들에게는 '샤토브리앙'이, 영국인들에게는 '설로인'이

삶의 희망이었다면 우리 조상들의 희망은 무엇이었을까? 그것은 바로 '쌀밥에 고깃국'을 마음껏 먹고 사는 것이었다. '흰쌀밥(이밥)에 고깃국'은 수천 년 동안 한국인들의 한결같은 소망이었다. 끼니를 거르지 않고 먹을 수 있는 것, 거기에 더하여 쌀밥에 고깃국을 먹을 수만 있다면 더 이상 바랄 것도 부러울 것도 없었다.

비트코인을 사용한 첫 거래 역시 '먹을 것'으로 시작하였다는 것은 상징적이다. 2009년 탄생한 이후 일부 사람들끼리만 알고 있던 비트코인은 2010년 5월22일 일명 '비트코인 피자 사건'을 계기로 세계적인 주목을 받게 된다. 미국 플로리다에서 피자 2판을 1만 비트코인을 주고 사 먹은 것이 비트코인의 첫 거래로 알려져 있다.

미국 플로리다의 잭슨빌에 사는 라스즐로 핸예츠 Laszlo Hanyecz 라는 사람이 피자 2판을 주문하고 1만 비트코인을 지불했다고 한다. 현재(2018년 6월)의 가치 기준으로 따지면 무려 8백억 원 가량을 지불한 셈이다. 당시 잭슨빌에서 피자 한 판 가격은 평균 15달러(1만7,000원)였고 1BTC는 0.4센트였다. 라스즐로는 한 판에 400억 원짜리 피자를 먹은 셈이다. 최고가를 기록했던 지난해 2017년 12월7일 기준으로는 본다면 피자 2판을 2,500억 원에 구매한 것이다. 이 사건 이후 전 세계 비트코인 사용자들은 5월22일을 '피자데이'라고 부르며 기념하고 있다. 우리나라는 2013년 12월 비트코인 가맹점 1호점인 인천의 한 제과점에서 첫 번째로 비트코인을 사용한 것으로 알려져 있다.

대부분의 사람들은 비트코인을 거래소에서 시세차익을 얻는 투자 상품으로만 알고 있지만 실생활에 사용하여 필요한 물건이나 서비스를 받을 수 있는 곳이 세계 여러 나라에 있다. 미국에서는 나이키, 버거킹, 매리어트 호텔 등 미국 전역 5만 개 소매점에서 비트코인을 사용할 수 있다. 북한에서도 평양 등 5곳서 비트코인을 받는다고 한다. 또한 호주에서는 신문가판대에서 비트코인과 이더리움을 살 수 있다.

비트코인을 사용할 수 있는 오프라인 상점을 안내하는 코인맵 coinmap.org에 따르면 전 세계적으로 암호화폐로 결제가 가능한 매장은 2018년 6월 현재 12,700여 곳에 달한다고 한다. 일본은 현재 약 25,000여 곳에서 결제가 가능 하며, 비트코인 결제가 가능하다는 이유만으로 고객이 몰리고 있다. 일본은 암호화폐 결제 고객을 유치하려고 막대한 돈을 광고에 투자하고 있다. 코인맵에 따르면 비트코인으로 결제할 수 있는 국내 상점도 150여 곳이 있다고 한다. 이 중 100여 개는 서울·경기·인천에 몰려 있지만 최근에는 부산과 강원도, 제주 일대에도 비트코인 취급 상점이 생겨났다. 사용가능 물품은 귀금속, 로펌, 카페, 병원 등 다양하다. 최근에는 결제를 위한 전용 애플리케이션까지 개발되면서 암호화폐를 받는 가게가 조금씩 늘고 있는 추세이다. 암호화폐에 익숙한 직장인 밀집 지역부터 확산되고 있지만, 전통시장에서 쓸 날도 멀지 않았다는 말도 들린다.

비트코인으로 결제하기 위해서는 문 앞에 '비트코인 사용가능 회원점'Bitcoin accepted here 표시가 있는 매장을 찾아 가면 된다. 국내거래소 빗썸 또는 업비트 등의 지갑주소만 있으면 QR코드 전송만으로 즉시 결제가 가능하다. 내 거래소 애플리케이션에서 상대방의 거래소지갑 QR코드를 스캔하거나 주소를 입력해 주고받을 수 있다.

예를 들어 친구와 저녁식사 후 저녁 값 89,000원을 결제해야 한다고 가정해 보자. 암호화폐 거래소 앱을 열고 로그인 한 후 보유하고 있는 비트코인 '보내기'를 누르면 화면이 바뀌면서 비트코인보내기 화면이 나타난다. 빈칸에 89,000원을 입력하면 보낼 비트코인이 0.00011108이라고 자동으로 뜬다. 그 다음 QR코드 스캔을 누르면 음식점의 QR코드를 인식할 수 있다. 그 다음 인증번호를 입력하고 결제를 진행하면 된다. 앱이 QR코드를 인식해 1초면 계산이 끝난다.

이렇게 결제가 쉽고 빠름에도 비트코인 가맹점 확산이 느린 이유는 무엇보다도 가격 변동성이 크다는 것 때문이다. 가격의 등락폭이 심하기 때문에 가치의 척도로 쓰기 어렵다. 오전에는 분명히 0.0015비트코인이면 설렁탕 한 그릇을 사 먹을 수 있었는데, 오후엔 비트코인 가격이 급락해 0.0025비트코인이 있어야 한다면 비트코인이 가치의 척도 기능을 하기 어려울 것이다. 설렁탕을 먹고 있는데 비트코인 가격이 뚝뚝 떨어지면 밥맛도 떨어질 듯하다. 이용자가 지급 승인을 요청하고 대기하는 동안에도 비트코인의 가격은 수십만, 수백만 원 단위로 오르내릴 수 있다.

투기성 자본들이 암호화폐 시장으로 대거 몰림에 따라 가격 변동이 단기간에 극심하게 일어나 화폐로서의 가치를 얻지 못하고 있다. 하루에도 몇 번씩 가격이 큰 폭으로 변동되기 때문에 실물 자산에 암호화폐 가격을 책정하는 것이 사실상 불가능한 상황이다. 주식 시장과 달리 암호화폐는 일일 가격변동에 제한폭이 정해져있지 않기 때문에 심할 경우 단 시간 내 가격이 두 배 이상 상승하거나 하락할 때도 있다.

시세 상승 국면에서는 누구도 비트코인으로 상품을 구입하지 않을 것이다. 2비트코인으로 구입해야 하는 상품을 다음 날에는 1비트코인으로 살 수 있을 것이기 때문이다. 시세 하락시에는 상인들이 비트코인을 받고 상품을 판매하려 들지 않을 것이다. 1비트코인인 상품을 며칠 뒤에는 2비트코인으로 팔 수 있기 때문이다. 비트코인이 미래의 화폐 자격을 획득하려면 널리 사용되어야 하는 것이 우선이다. 그러나 시민들은 비트코인을 보유하려 할 뿐 사용하지는 않을 것이다. 이렇게 가치가 널뛰기를 한다면 비트코인으로 물건을 사고팔기 어렵게 된다.

한 방송사에서 진행한 토론에서 유시민 작가는 암호화폐 거래소 대표에게 '비트코인으로 밥을 사먹을 수 있어요'라고 질문을 했고 이에 거래소 대표는 '사 먹을 수 없다'고 대답했다. 유시민은 그렇다면 '가상화폐는 사기이며 도박일 뿐'이라는 결론을 내렸다.(2018년 1월 18일, JTBC '가상화폐, 신세계인가 신기루인가') 유시민은 왜 그 어떤 것보다 비트코인으로 밥을 사먹을 수 있는지가 제일 궁금했을까? 이를 우리의 전통문화와 연결 지어 생각해 볼 수 있다.

우리나라에서 밥과 쌀은 단순한 먹거리가 아닌 신뢰의 상징이었다. 그렇기에 쌀은 상품을 교환하는 데 이용되어 왔다. 어릴 때 어른들이 쌀집에서 쌀을 사 오는 일을 가리켜 쌀을 팔아 온다고 하는 것을 보고 의아했던 적이 있다. 최세진의 『훈몽자회』(1527)에도 쌀을 파는 미곡매米穀賣가 실제로는 쌀을 사는 일이라고 풀이한다. 이는 아주 오래전부터 이러한 용법이 쓰였음을 보여 준다. 왜 우리는 쌀의 경우에만 '사다'와 '팔다'를 반대로 말하는 것일까? 이런 표현이 나온 이유에 대해서는 다양한 의견이 있다. 물건 시세를 모두 곡물로 환산했던 전통 경제 시스템 때문이라는 주장도 있는데, 이 설명이 가장 그럴 듯해 보인다. 과거에는 자신이 원하는 물건을 쌀을 주고 바꾸었기 때문에 쌀은 돈에 대한 반대 개념이었다. 즉, 쌀은 화폐 교환의 원천이자 화폐에 반대되는 물건이었다. 다시 말해 쌀을 '판다'는 말은 소비자가 아닌 생산자 입장을 반영한다. 그래서 사람들은 소비자 입장에서 쌀을 산다고 말하지 않고, 돈을 주거나 혹은 자신이 생산한 농작물이나 자신이 키운 가축, 자신이 만든 제품을 쌀과 바꾸기 때문에 생산자 입장에서 쌀을 '팔아 온다'고 했던 것이다.

한국인들은 살아가는 힘을 밥에서 얻었다. 그래서 밥 외에 떡이며 고기며 온갖 것을 다 먹고도 밥을 안 먹었다면 아직 끼니를 때우지 않았다고 생각했다. 먹을거리가 한가득 놓인 뷔페식당에서도 밥과 국을 먹어야 비로소 식사가 마무리된다. 한정식 집에서 먹는 코스 요리에서도 마지막에는 반드시 밥 혹은 누룽지와 함께 된장찌개나 국이 나온다. 온갖 요리를 잔뜩 먹고도 밥을 먹지 않으면 왠지 허전하고 아쉬움이 남는 것이 우리의 식생활이다. 한국인들에게는 아무리 반찬이 많더라도 밥이 없으면 식사가 아니다.

밥을 이렇게 중요하게 생각하다 보니 밥을 중심으로 놓고 다른 음식들이 배열된다. 그래서 아예 밥이란 곧 식사를 의미한다. "밥 먹었어?"라는 물음은 식사했느냐는 뜻이다. 밥이 한 끼 식사 전체를 대표하는 말이 된 것이다. 또한 "아침 드셨어요?"는 물론 "밥 한 끼 하자"도 "안녕하세요?"를 대체하는 인사말이다. 한국인들에게 '한솥밥'은 대체할 수 있는 표현을 찾기 힘들고, 밥상머리에서는 교육까지 이루어진다. 오랜 세월 동안 형성된 이런 문화적 특징은 시대가 바뀌어도 쉽게 변화될 수 있는 성격이 아니다.

한국학중앙연구원 주영하 교수는 『그림 속의 음식, 음식 속의 역사』(사계절, 2005)에서 시대적 유행을 넘어 한국인 정체성의 결정체라 부를 만한 것이 밥이라고 했다. 우리에게 밥은 "시대의 변화상을 가장 늦게 반영하는 '역사의 그릇'일 가능성은 충분히 있다"는 주장이다. '한국 사람은 밥 힘으로 산다'라는 말 속에는 한국의 오랜 쌀밥 문화가 녹아 있는 셈이다. 우리에게 밥은 단순히 생명 유지를 위한 수단이 아니라 민족문화의 근간이며 민족성의 기본이라는 것, 밥이 먹거리의 기능을 넘어 의식의 중심부에서 멀지 않은 곳에 자리 잡고 있음을 확인시켜 준다.

이러한 점에서 "비트코인으로 밥 사먹을 수 있냐?"는 유시민의 질문은 밥과 쌀에 대한 한국인의 의식이 잘 드러나는 말이라 하겠다. 한국인들은 비트코인으로 밥을 사먹을 수 있을 때 비트코인이 가상이 아닌 실제 화폐라고 믿게 될 것이다. 비트코인이 밥으로 교환되지 않을 때 '현실성이 없다', '쓸모가 없다', '거품일 뿐이고 언젠가는 사라질 것'이라 생각할 것이다.

비트코인으로 밥을 사먹을 수 있냐는 질문이 나온 지 몇 달 만에 '가능하다'고 대답할 수 있는 길이 열렸다. 최근 암화화폐 거래소 빗썸이 '빗썸페이'를 도입했기 때문이다. 이는 변동성이 큰 암호화폐의 단점을 보완하여 결제 시점의 시세에 맞춰 빗썸 캐시로 변환하여 판매자에게 지불함으로써 코인가격과 상관없이 일정한 가격에 물건을 팔 수 있도록 했다. 또한 기존의 카드 결제 시에는 매출 정산까지 며칠이 소요되었지만 빗썸페이는 판매자에게 실시간 입금을 해준다. 또한 결제시 구매자와 판매자에게 부과되던 수수료도 없다. 결제 수수료가 없는 실시간 정산 시스템은 기존의 금융권에서는 절대로 기대할 수 없었던 일이다. 또한 손님이 QR코드를 이용해 직접 결제하고 결과를 즉시 문자로 확인할 수 있으니 인건비 절약의 효과도 기대할 수 있다.

비트코인으로 호텔 숙박료도 결제할 수 있다. 빗썸은 숙박

예약 애플리케이션 '여기 어때'와 업무제휴를 체결했다. 업무제휴에 따라 '여기 어때' 가입자가 앱으로 숙소를 예약하면서 신용카드 대신 자신의 빗썸 계정에 있는 암호화폐로 결제할 수 있다. 비트코인 뿐만 아니라 이더리움, 퀀텀 등 빗썸에 상장된 암호화폐로 모두 결제가 가능하다고 한다.

기존의 암호화폐는 결제에 시간이 오래 걸린다는 단점이 있었다. 블록체인 기술의 특징상 거래 검증 시간이 필요하기 때문이다. 최소 수십 초에서 수십 분을 기다려야 결제에 이용할 수 있었다. 비트코인의 경우 거래검증으로 인해 10분마다 거래가 일어난다. 이런 단점 때문에 암호화폐가 일상의 거래에서 사용되기가 어려웠다. 설렁탕 한 그릇 먹고 계산하기 위해 10분을 기다려야 한다면 너무 불편한 일이기 때문이다. 요즘은 빗썸 캐시에서 보듯 결제속도가 굉장히 빨라졌다. 특히 전송 기술이 계속 향상 되고 있으므로 향후에는 신용카드 보다 더 빠르게 전송 될 것이라고 한다. 현재 이 부분에 대해서 많은 투자가 이루어지고 있다.

이와 같이 국내외에서 비트코인을 현금처럼 사용하려는 시도가 계속 이어지고 있다. 일부 소매업체나 음식점에서 결제수단으로 활용되는 데 이어 부동산 분야까지 비트코인의 바람이 불고 있다.

그러나 올해 들어 발표된 정부 규제안 탓에 암호화폐결제가 원활히 진행되고 있지 않다. 서울 서초구 강남지하상가 '고투몰'은 한국블록체인연구소와 제휴해 국내 상가집단으로서는 최초로 비트코인 결제를 도입했다. 하지만 정부의 고강도 규제로 인해 비트코인 거래는 초기 도입 단계부터 삐걱대고 있다. 상인들 말로는 지난해까지만 해도 비트코인으로 결제를 원하는 고객이 있었는데 정부 규제이후로는 코인 결제를 요청하는 손님이 확 줄었다고 한다.

암호화폐가 지속가능하기 위해서는 화폐로서의 쓸모가 있어야 한다. 제품이나 서비스를 구매할 때 지불할 수 있는 도구가 돼야 화폐라 할 수 있다. 해외에서는 비트코인으로 실제 구매할 수 있는 물품이 점점 더 많아지고 있지만, 국내에서는 아직 비트코인이나 이더리움 등으로 제품이나 서비스를 구매하는 경우는 쉽게 찾아보기 힘들다. 암호화폐의 선두주자인 비트코인의 가치가 폭등한 것은 미래 화폐로의 잠재력을 보고 젊은 투자자들이 몰려들었기 때문이다. 하지만 쓰임새는 이 속도를 따라잡지 못하고 있다. 비트코인으로 밥도 사먹고 집도 사고 옷을 사 입었다는 사람은 거의 없다.

암호화폐가 기존의 화폐를 대체하는 새로운 결제수단으로 자리매김 하기 위해서는 우선 가격 변동성이 줄어들어 그 가치가 어느 정도 안정이 되어야 하며, 암호화폐 관련업계에서 기술적 한계를 극복하고 실생활에서 편리하게 쓸 수 있는 다양한 쓰임새를 만들어 내야 할 것이다. 또한 암호화폐 사용처가 늘어 밥을 사먹는데 아무런 불편함이 없을 정도의 교환 기능이 생겨야만 할 것이다.

비트코인이 우리 사회에서 지불수단이 되기에는 아직 사회적 신뢰가 약하다. 비트코인의 성공 여부는 우리의 신뢰와 믿음에 있다. 내 집 앞 식당에서 비트코인으로 된장찌개 백반, 김치찌개 백반을 마음대로 사먹을 수 있을 때 비로소 한국인들은 비트코인을 신뢰하게 될 것이다.

꽃과
동전

바야흐로 비트코인의 시대다. 비트코인의 가치가 연일 상승하고, 너도나도 비트코인에 투자한다는 소리가 들린다. 때 아닌 비트코인 투자 열풍을 두고 세상에는 두 가지 시선이 교차한다. 비트코인은 사기에 불과하다는 부정적 시선과 화폐제도의 구조적 문제를 바꿀 수 있는 새로운 패러다임이라는 기대에 찬 시선이다.

우리나라의 암호화폐 시장은 빠르게 성장했다. 국내에서 거래되는 비트코인은 세계 시장의 20%, 리플은 50%에 달할 정도로 암호 화폐 열풍이 거세다. 이미 300만 명 이상이 투자했고 그중 대다수가 20, 30대 젊은 층이라고 한다. 우리나라는 미국·일본과 더불어 세계 3대 암호화폐 거래 시장을 이끌고 있다.

해외언론 또한 우리나라 투자자가 보여주는 비트코인 광풍은 유례없는 일이라고 여러 차례 보도한 바가 있다. 블룸버그통신에 따르면 우리나라 경제가 세계 경제에서 차지하는 비율이 1.9%에 불과하지만, 전 세계 비트코인 거래의 약 20%가 우리나라에서 이루어졌다고 한다.

2018년 1월 SBS방송국의 〈그것이 알고 싶다〉에서는 우리나라에서 거센 열풍이 불고 있는 비트코인에 대해 방송했다. 이날 방송 가운데 시청자들이 가장 인상 깊게 보았던 내용은, 비트코인 거래가 막 시작 될 무렵 이를 8만원에 샀다가 현재 280억 원 상당의 비트코인을 소유하게 된 23살 청년의 이야기였다. 이 청년과 인터뷰를 하는 2시간 동안 그가 소유한 비트코인의 가치는 30억 원 더 늘어났다. 청년은 이 가운데 2천만 원을 현금화하는 모습을 직접 제작진에게 보여주기도 했다.('그것이 알고 싶다: 新 쩐의 전쟁 - 비트코인', 2018년 1월6일)

비트코인 가격의 흐름은 극적이다. 2013년 초 1만5천 원이던 비트코인 가격은 2018년 1월 2천7백만 원으로 사상 최고치를 기록했다. 급등락을 거듭하고 있지만 2018년 6월 현재 800만원을 오르내리고 있다. 그래서 비트코인이라는 단어에는 '버블(거품)'이라는 수식어가 따라 붙는 경우가 많다. 버블이란 '가격이 엄청나게 올라간 후에 순식간에 거품이 터지는 것'을 뜻한다. 하루에도 30% 넘게 출렁이는 암호화폐 거래 시장을 보면서 일부 전문가들은 17세기 네덜란드에서 일어난 '튤립 버블'에 빗대어 비트코인은 거품이라며 비판적인 목소리를 내기도 한다.

'튤립 버블'은 자본주의 최초의 거품 경제 사례로 알려져 있다. 튤립은 16세기에 처음으로 유럽에 전파된 꽃이다. 원래부터 꽃을 사랑하는 네덜란드에 튤립이 수입되면서, 유럽 상인들의 소문이 더해져 왕족과 귀족들 사이에서 고상한 취미생활로 점점 퍼지게 되었다. 유럽에서 튤립의 인기는 높아졌는데 특히 네덜란드에서의 인기는 폭발적이었다. 하지만 튤립은 생육조건이 까다롭고 3~7년에 한번 꽃을 피우는 희귀한 꽃이라서 늘어나는 수요를 감당할 수 없는 상태가 되었고 튤립의 가격은 점점 올라갔다. 튤립의 가격이 치솟자 네덜란드의 투기꾼들이 튤립의 가치가 아닌 가격을 보고 투기를 하기 시작했다. 이로 인해 튤립 구근 하나의 가격은 천정부지로 치솟아 튤립 한 뿌리만 있으면 살찐 소 4마리, 밀 27톤을 살 수 있었고, 마침내 집 한 채 값에 이르게 되었다. 튤립으로 단기간에 막대한 부를 얻을 수 있다는 소문이 서민들에게까지 퍼졌고 농부,

굴뚝청소부, 시종들도 쌈짓돈과 빚을 내어 튤립 구근을 매매하기 시작했다. 정식 거래소도 없이 거래는 술집에서 이뤄졌고, 구근이 모자라자 '바람장사'windhandel라고 불렸던 선물거래도 도입되어 거래 용지 한 장이면 즉석에서 거래되었다.

하늘 높은 줄 모르고 솟아오르던 튤립가격은 사소한 사건으로 폭락했다. 튤립 알뿌리는 양파와 많이 닮았다. 어느 귀족의 집에 튤립 알뿌리가 소포로 배달되었는데, 그 집의 요리사가 그 알뿌리를 보고 양파인 줄 알고 그만 요리를 해버렸다고 한다. 비싼 값을 치르고 배달되기만을 기다렸던 귀족은 요리사에게 소송을 걸었다. 하지만 법원은 "튤립의 재산적 가치를 인정할 수 없다"라고 판결을 내렸다. 이 소식이 네덜란드 전역에 퍼지면서 순식간에 허황된 꿈에 빠져있던 사람들이 깨어나게 되었다. 어느 순간 튤립 구근을 살 사람이 없게 되자 폭락이 시작되었다. $50,000을 호가하던 튤립뿌리가 몇 달 후에 몇 센트도 하지 않게 되었다. 거품이 꺼지면서 피해자가 속출했고 네덜란드 경제를 흔들 정도였다고 전해진다.(『네덜란드: 튤립의 땅 모든 자유가 당당한 나라』, 주경철, 산처럼, 2003 참조)

당대의 화가였던 얀 브뤼헬 2세Jan Breughel the Younger(1640년)는 튤립 광기에 대한 풍자를 그림으로 남겼다. 그림에서는 튤립 투기자들을 우스꽝스러운 원숭이들에 빗대어 표현하고 있다. 그림을 보면 튤립 버블이 붕괴된 뒤의 상황을 알 수 있다. 한 원숭이는 한 때는 그토록 비쌌지만 이젠 아무 소용이 없는 붉은 줄무늬 튤립을 향해 적나라하게 소변을 갈기고, 그 뒤의 노란 튤립을 든 원숭이는 손수건으로 눈물을 훔치며 어디론가 들어가고 있다. 튤립 투기로 빚더미에 앉아 법정에 끌려가는 모습이라고 한다. 투기 광풍에 휩쓸린 어리석음이 비참한 결과를 가져온다는 교훈이 그림에 넘쳐흐른다.

비트코인의 가격이 폭등하자 사람들은 네덜란드 튤립투기 사건을 가져와 곧 암호화폐 시장이 튤립 가격처럼 무너질 것이라는 공포의 시나리오를 이야기하고 있다. 유시민 작가 역시 한 방송국 토론회에서 비트코인을 17세기 네덜란드의 튤립 광풍에 비유하며 '21세기 튤립버블 버전'이라고 위험을 경고했다.(2018년 1월18일, JTBC '가상화폐, 신세계인가 신기루인가')

단기간에 가격 폭등이 이루어졌고 일확천금을 노리려는 사람들이 대거 뛰어들었다는 점은 튤립버블과 비슷하다. 늘어나는 수요에 비해 공급이 이를 따라가지 못했다는 점 또한 닮았다. 튤립은 품종이 까다로워 꽃이 피기까지 상당한 시간이 걸려 단기간에 늘리기 어려운 품종인데 이것이 품귀현상으로 이어져 가격을 올리는 요인이 되었다. 비트코인 또한 2,100만 개로 발행량이 한정되어 있는데다 채굴 난이도가 갈수록 어려워지면서 늘어나는 수요를 공급이 감당하지 못해 가격이 올랐다. 비트코인에 대한 투자 이유를 '희소가치' 때문이라고 말하는 투자자들도 많다. 즉 튤립버블과 암호화폐 광풍의 공통점은 투기수요와 공급의 어려움으로 인한 가격 급등이다.

하지만 차이점도 많다. 가장 큰 차이점은 가치의 유무이다. 튤립의 경우 시간이 지나면 시들어 가치를 결국 상실해 버리지만 비트코인은 블록체인이라는 기술을 바탕으로 거래 신속성이나 적은 수수료 등 본래의 가치를 상실하지 않는다. 즉 암호화폐는 실생활에 '통화'로 쓸모가 있어질 가능성이 있다.

또 다른 차이는 투자 판의 규모가 다르다는 점이다. 당시 튤립사태는 전 세계 중 네덜란드에서만 발생한 국한된 것이었다. 반면 암호화폐 투자열풍은 현재 전 세계적으로 불고 있으며 전 세계 참여자가 블록체인으로 연결되어 있다. 많은 폭락론자들이 곧 버블이 터질 것이라고 말하지만 전 세계 70억의 인구로 볼 때 암호화폐로의 투자율은 아직 기초단계 수준이다. 우리나라의 경우 '김치프리미엄'까지 생기는 등 과열현상이 있다고 하지만 미국, 일본, 중국, 유럽 일부 나라를 제외하고는 아직도 많은 나라의 국민들이 비트코인에 대해 전혀 들어보지 못하고 있는 실정이다. 앞으로 블록체인은 계속 확장될 것이며 이런 나라들의 국민들까지 암호화폐를 알게 되고 그 중 일부가 투자로 이어진다면 암호화폐 가격은 오히려 앞으로 계속 오를 확률이 높다.

세 번째로는 투자자의 성향이 다르다는 점이다. 튤립사태의 근본원인은 가격폭등에 따른 욕심이 불러온 투기였고 3년 만에 막을 내렸다. 그러나 현재 암호화폐 과열의 근본에는 현 금융체제와 사회구조에 대한 새로운 세대들의 실망감이 깔려 있다. 사토시 나카모토Satoshi Nakamoto가 비트코인을 구상하게 된 동기는 미국의 달러화에 대한 양적 완화 정책의 폐해와 전 세계 중앙 집중식 금융체제에 대한 반발심이었다. 비트코인 투자가 점점 뜨거워진 것은 전 세계 수많은 개발자들을 포함한 신세대 지식 집단들로부터였다. 그리고 이러한 자발적 투자는 벌써 9년 동안 이어져 왔다. 물론 주위에서 일확천금을 얻어 부자가 되었다는 소문을 듣고 묻지 마 투자자가 가세하여 단기간 폭등이 일어나기는 했지만, 비트코인열풍은 근본적으로 양적완화로 인한 신용 화폐의 신용 하락에 대한 반발 때문에 생겨난 것이다.

현재 비트코인 열풍이 잠깐의 소동에 그치고 제 2의 튤립버블로 남게 될지, 아니면 새로운 통화로 자리 잡을지, 현재로서 비트코인 가치가 얼마가 될 지는 누구도 예측할 수 없는 상황이다. 무엇이든 가치보다 가격이 높으면 거품은 빠지기 마련이다. 그러나 비트코인은 몇 차례의 큰 하락은 있었지만 공포의 예언이 적중된 적은 없다. 그 이유는 근본적으로 튤립과 비트코인은 다르기 때문이다.

비트코인은 시대의 필요에 의해서 만들어진 화폐다. 물가가 오르고 화폐의 가치는 떨어지고, 그렇게 신뢰할 수 있는 기관이라는 은행마저 도산하였다. 사람들은 정부와 은행과 화폐를 믿을 수 없었다. 불합리한 수수료도 마음에 들지 않았다. 이 때 사토시 나카모토라는 정체불명의 개발자가 등장해 제 3의 중개인 또는 신뢰기관을 거치지 않고도 참여자들 사이에서 신뢰를 보증하고 당사자들끼리 돈을 주고받을 수 있게 하였다. 그것이 블록체인 기반의 비트코인이다.

한국에 있는 가정주부 김모씨가 미국에서 유학 중인 아들에게 용돈을 보낸다고 가정해보자. 현재 해외송금 체계에서 김씨가 보내는 용돈은 국내 송금은행→중개은행→미국 지급은행을 거쳐 아들에게 도착한다. 이때 송금은행에서는 송금수수료(전신료 포함)를 떼고, 중개은행은 중개수수료를 받는다. 지급은행에서 돈을 인출할 때에도 수수료가 발생한다. 보내는 돈 외에도 추가 비용이 부담스럽다. 게다가 이 과정은 2~3일 정도 소요된다. 그런데 암호화폐를 이용하면 이러한 과정과 시간이 대폭 줄어든다. 암호화폐는 블록체인을 기반으로 한

P2P^Peer to Peer 거래(개인 간 거래)시스템이기 때문에 중개은행이 필요하지 않다. 김씨와 아들이 각각 암호화폐 지갑을 생성해 김씨의 지갑에서 아들의 지갑으로 암호화폐를 전송하기만 하면 된다. 중개자가 없기 때문에 수수료가 없거나 있더라도 아주 저렴하며, 걸리는 시간 역시 수 분 이내여서 획기적으로 단축된다. 이 때문에 전문가들은 블록체인 기술이 국제 무역·금융계의 지형을 크게 변화시킬 것으로 전망하고 있다.

은행에 가고, 환전을 하고, 송금을 하는 번거로움을 겪던 사람이 컴퓨터 또는 핸드폰으로 키보드 몇 번 두드리는 것만으로 코인을 이용해서 외국으로의 송금에 성공하게 되면, 다시는 은행에 가지 않을 것이다. 지금은 이렇게 코인의 쓰임새가 송금 정도지만, 이것이 상거래에 이용되고 각종 정보 서비스에 이용되고 사물인터넷에 활용되고 우리 생활 전반에 걸쳐 쓰이기 시작하면 인터넷이 세상을 바꾼 것과는 비교도 되지 않는 새로운 변화가 또 다시 찾아오게 될 것이다. 이러한 엄청난 잠재력에도 불구하고 사행심을 부추기는 거품으로만 인식되는 현실은 매우 안타깝다.

『돈의 미래, 비트코인은 혁명인가 반란인가』(시사매거진, 2018)의 저자 임정빈은 암호화폐를 단기적으로 돈을 벌 수 있는 인생역전의 투기성이 아닌 '탈중앙화 신기술', '화폐 패러다임을 바꿀 시스템', '종류만 1,500여종, 좋은 기술 기반 착한 가상화폐'와 같은 생활 투자 대상으로 인식해야 한다고 말한다.

네덜란드는 튤립으로 나라가 망했고 네덜란드 사람들에게 튤립은 아픈 상처로만 남았을까? 전혀 그렇지 않다. 튤립버블 붕괴는 있었지만 터키에서 들여왔던 튤립은 지금 네덜란드의 주요 수출품으로 자리 잡았다. 네덜란드 국토의 넓이는 남한 땅의 절반이 안 되고 인구는 1,700만이다. 그런데 농산물 수출이 세계 4위이고 네덜란드의 꽃 수출이 세계 1위, 그 중에서 튤립이 큰 비중을 차지한다. 튤립버블이 있었기에 네덜란드가 지금 튤립으로 세계시장을 석권할 수 있었던 것이다. 비이성적으로 투기를 하는 대신 합리적으로 부가가치 있는 튤립의 재배와 개발에 투자를 계속했기 때문이다. 이처럼 버블은 후유증을 남기지만 한편으로는 시대 변화를 앞당기는 계기가 되기도 한다.

최고가 2,700만원까지 치솟았던 비트코인은 최근 큰 폭으로 하락했다. 암호화폐 시장이 투기로 변질되고 있는 것도 사실이고 거품이 끼어있다는 것도 맞다. 뉴스와 방송에서는 다단계, 사기 코인, 랜섬웨어, 폭탄 돌리기라는 기사들이 가득하다. 어떤 이는 얼마 지나지 않아 비트코인의 가치는 제로가 될 것이라고 극단의 전망을 내놓는가 하면 다른 이는 비트코인의 공급이 그 사용량 증가를 따라가지 못해 몇 년 안에 1억 원이 넘을 것이라고 장담하기도 한다. 하지만 누구도 비트코인이 '상승한다' 혹은 '하락한다' 정확히 알 수 없다. 제 2의 황금이 될 것 인지, 아니면 21세기의 튤립투기로 끝날 것인지는 시간이 지나봐야 알 일이다. 하지만 튤립 투기가 언젠가 무너졌기 때문에 암호화폐 시장도 반드시 무너질 것이라는 논리는 그 설득력이 약하다. 단순하게 거품이라는 낙인을 찍기보다는 무엇이 가격을 상승시키는지 알아보는 것이 중요하다. 비트코인이 단지 투기적 광기에 불과한지 아니면 교환 매체 또는 가치를 저장하는 매체로서의 역할을 하고 있는 것인지 반드시 확인할 필요가 있다.

막장과
채굴

"백날 땅을 파봐라. 돈이 나오나."
아이들이 돈을 달라고 하거나 무엇인가를 사달라고 하면 부모님들이 흔히 했던 말이다. 돈을 허투루 쓰지 말라는 의미에서 하는 말이다. 하지만 요즘은 땅을 파면 돈이 나오기도 한다. 그것도 아주 큰돈이!

비트코인은 땅을 파서 버는 돈이다. 비트코인은 우리가 손으로 만질 수 있는 동전 형태의 화폐가 아니다. 파일로 돼 있는 것으로 컴퓨터로 풀어가는 과정을 '채굴한다'고 한다. 영어로는 마이닝mining이라 하는데 마이닝mining을 우리나라 말로 옮기는 과정에서 석탄이나 금을 캘 때 쓰는 '채굴'이란 말로 번역하게 된 것이다. 비트코인을 캐는 건 곡괭이가 아니라 컴퓨터이며 '채굴기'라 부른다. 또한 비트코인을 캐는 사람들을 '광부'miner라고 한다.

2018년 1월 홍준표 자유한국당 대표가 암호화폐 관련 현장 방문에 나섰을 때이다. 홍 대표는 암호화폐 투자에 나선 유권자들의 표심을 겨냥한 듯 "(비트코인이) 토박이라는 말에 동의하지 않는다"거나 "영업의 자유를 인정해야 한다"는 입장을 밝혔으나, 암호화폐의 기본 개념에 대한 이해 부족을 드러냈다. 홍 대표가 "채굴한다는 게 뭔가?", "TV에서 보니 무허가로 채굴기를 들여와서 관세청에 압류가 된다는데, 금 캐듯이 하는 것이냐?", "그것을 하려면 왜 전력이 많이 들고 컴퓨터를 써야 하느냐?", "블록체인 기술은 해킹이 전혀 안 되느냐?" 등의 질문을 했다고 한다.

'채굴'mining 작업은 비트코인과 이더리움처럼 블록체인을 기반으로 하는 암호화폐 시스템의 핵심이다. 업계에선 '마이닝'이라 하고, 국내에선 '캔다'고 한다. 전문 용어로는 '블록체인' 기술이라고 한다. 이러한 사실을 제대로 알고 있는 사람은 드물다. 국내의 암호화폐에 대한 열기는 오롯이 '거래'에만 집중됐다. 암호화폐를 얻을 수 있는 또 다른 방법인 '채굴'mining에 대해서는 잘 알려지지 않았다. 홍준표 대표의 질문은 암호화폐에 대한 기본 지식은 전무 한 채 투기 상품으로만 인식하고 있는 대다수의 사람들의 지식수준을 여실이 보여준 것이라 하겠다.

채굴을 이해하려면 블록체인에 대한 이해가 필요하다. 블록체인은 암호화폐의 거래 내역을 담은 일종의 '장부'로 비트코인의 바탕이 되는 체계다. 비트코인은 블록체인 네트워크를 유지하는 데 기여한 사람에게 주는 '보상'이다. 정부가 발행한 통화와 달리 비트코인은 각국의 정치에 의해 왜곡될 수 있는 체제가 아니다. 비트코인은 정부가 아니라 비트코인 거래를 인정해주는 사람들, 즉 채굴자들로 이루어진 분산된 체제에 기반 한다. 그들은 '블록체인'이라고 알려진, 비트코인의 소유권을 일일이 기록해 놓은 인터넷상의 장부를 갖고 있다. 이것이 채굴의 가장 핵심 원리인 '작업증명'Proof of Work 방식이다. 이는 컴퓨터 소유자들이 어떻게 암호화폐를 채굴하는지, 암호화폐가 어떻게 만들어지는지, 자원을 소비함으로써 암호화폐를 만들어내며 그곳에 가치를 담는 과정이 어떻게 이루어지는지에 대한 원리이다.

비트코인에 채굴이라는 과정을 도입한 이유는 암호화폐 구축 초기 단계에서 해결해야 할 가장 큰 산이 바로 '신뢰'였기 때문이다. 신뢰를 유지하기 위해서는 블록체인이라는 강력한 보안을 가진 데이터 저장 시스템을 유지·관리해야한다. 채굴은 이 같은 거래기록을 보호하는 역할을 할 수 있다.(『비트코인 현상, 블록체인 2.0』, 마이클 케이시, 폴 비냐 저, 유현재, 김지연 옮김, 미래의창, 2017)

비유를 통해 비트코인 채굴 방식을 설명해보면 다음과 같다. 비트코인이 들어있는 상자^{블록, block}가 있고 여기에는 자물쇠가 채워져 있다. 상자 속에 먼저 기록하는 대회를 열어서 1등한 사람에게만 상금을 주기로 약속이 되어있다. 대회에 참가한 모든 사람들에게 새로운 상자를 나누어 주는데 누구든 그 자물쇠 비밀 번호를 먼저 찾아서 상자를 연 사람만 기록(트랜잭션^{Transaction}과 해시데이터^{hashdata})을 할 수 있고 상금을 받을 수 있다. 이 대회에서 자물쇠의 비밀 번호 찾는 과정을 작업 증명^{Proof of Work}이라고 하고 줄여서 POW라고 한다.

이 대회는 매 10분마다 열린다. 참여하는 사람도 많고 모두 비밀번호를 열심히 찾고 있다. 지금은 처음 대회가 열릴 때와는 달리 비밀번호가 너무 어려워져서 비싼 컴퓨터로 비밀번호를 찾아도 몇 달이 걸릴 정도다. 이렇게 비밀번호를 찾기 어렵게 만드는 것을 '난이도 상승'이라고 한다.

PC 한 대로는 5년이 걸릴 만큼 어려워 채굴을 위한 강력한 컴퓨터가 필요하기 때문에 일반인들은 거의 불가능하다고 한다. 초기에는 개인 컴퓨터로도 채굴이 가능했지만 남아 있는 비트코인 수량이 줄어들면서 난이도가 급속히 상승했다. 현재 개인이 비트코인을 채굴하는 것은 불가능하다고 봐야 한다. 지금 개인이 채굴을 시도하는 것은 '숟가락 하나 달랑 들고 광산에 가는 셈'이라고 비유하곤 한다. 그래서 채굴 프로그램을 보유한 전문 대행업체에 투자해 수익을 배분받기도 한다. 채굴 대행회사에 일정한 비용을 내고 암호화폐를 얻는 것이다. 채굴 대행회사는 개인에게 채굴기를 팔거나 채굴기 관리 비용을 통해 수익을 얻는다.

대회 참가자들이 받는 상금은 2009년에는 50BTC, 2012년에는 25BTC, 2016년에는 12.5BTC, 2020년 예상 상금은 6.25BTC이다. 2018년 6월 현재 1비트코인이 750만원이니 상자를 열 때마다 큰돈을 받을 수 있다. 암호화폐지갑 관련 서비스 업체인 '블록체인 룩셈버그'Blockchain Luxembourg에 따르면 현재까지 채굴이 완료된 비트코인의 개수가 1,700만개를 돌파했다고 발표했다.(2018년 4월27일 기준) 이제 앞으로 채굴 가능한 비트코인 개수는 400만개 미만이 되었으며, 채굴 가능한 비트코인의 양이 점점 줄어듦에 따라 비트코인의 가치가 점차 높아질 것이라고 전문가들은 전망하고 있다.

2,100만개를 모두 채굴하면 비트코인 시스템은 멈추는 것

이 아닌가 하는 의문을 제기할 수 있다. 채굴자는 거래 내역을 정리하는 대가로 직접적인 비트코인 보상뿐 아니라 해당 거래 당사자들로부터도 거래 수수료를 비트코인으로 따로 받는다. 채굴량 2,100만개가 모두 바닥나면 채굴에 대한 직접 보상은 없지만, 수수료 수입은 여전히 생긴다. 이 때문에 채굴은 끊이지 않고 계속될 것으로 전망하고 있다.(『한 권으로 끝내는 비트코인 혁명』, 한 대훈, 메이트북스, 2018)

미국의 달러는 연방준비은행Federal Reserve Bank에서 발행하고 우리나라 화폐인 '원'은 한국은행에서 발행한다. 하지만 비트코인은 사용자 개개인이 발행하는 화폐이다. 비트코인은 누구나 만들 수 있다. 돈을 관리하는 중앙 기구가 없다. 비트코인은 거래를 주관하는 기관이 없다. 오직 '채굴'만이 있을 뿐이다.

이것이 비트코인의 가장 혁신적인 점이다. 발행 주체가 따로 없고 거래는 철저하게 익명을 기반으로 P2PPeer to Peer 형식의 1대1로 이루어진다. 단, 비록 익명이긴 하지만 A가 B와 언제, 얼마의 비트코인을 거래했는지 단 한 건도 예외 없이 기록으로 남는다. 처음 비트코인에 열광했던 사람들이 주목한 점은 바로 비트코인이 세계 최초의 P2PPeer to Peer(인터넷에서 개인 컴퓨터끼리 직접 연결되어 파일을 공유하는 것) 네트워크 기반의 전자 금융거래 시스템이라는 것이다. '탈중앙화'를 표방한다는 점이 핵심이다. 국가의 중앙은행에서 마음대로 찍어내는 종이 화폐와 달리 발행 주체가 없다는 것이 큰 특징이다.(『비트코인 1억 간다』, 신의두뇌 저, 솔트앤씨드, 2018)

비트코인은 중앙은행이 찍어내서 통화 가치가 하락하는 인플레이션 우려가 없는 화폐라는 점이 대중으로부터 믿음을 얻는 데 큰 역할을 했다. 마구 찍어내는 종이돈과 달리 총통화 량이 2,100만 개로 한정돼 있기 때문이다. 인플레이션, 즉 화폐 가치가 훼손되지 않는다는 점이 매력이다. 암호화폐전문가 빈현우 씨는 저서를 통해 '비트코인은 달러체제에 대한 불신에서 출발했으며 2008년 미국의 투자은행 리먼브라더스의 파산으로 발발한 글로벌 금융위기가 직접적인 원인이 됐다'고 설명하고 있다(『나는 가상화폐로 3달만에 3억 벌었다』, 빈현우 저, 이코노믹북스, 2017) 많은 사람들의 우려에도 불구하고 비트코인이 계속 번창하고 있는 이유는 정부가 발행한 통화를 믿지 못하는 사람들이 점점 늘고 있기 때문이다. 화폐가 통화의 기본 기능을 제대로 수행하지 못하는 나라에서는 대체 지불 수단으로 쓰려고 비트코인을 사들이고 있다.

2009년 10월5일 가치 0.9원부터 출발한 1비트코인의 거래가격이 최고점 일 때는 2,700만 원까지 치솟았다. 지금까지 비트코인은 앉아서 돈 벌고 땅을 파서 돈을 버는 투자처였다. 널을 뛰듯 변동성이 큰 비트코인 투자에 대해 한쪽에서는 재테크의 '막장'이라 부르기도 한다. 경마하고 도박하는 사람처럼 인생 막장들이 몰리는 투기판이라는 것이다. 막장은 지금 우리 사회에서 '완전히 말아먹은 일이나 인생'을 뜻하는 단어로 쓰이고 있다. 이 말은 광산에서 갱도의 막다른 곳을 뜻하는 '막장'이라는 말에서 유추된 것이다.

지금은 에너지산업 자체가 바뀌어 탄광 자체가 거의 없어졌지만 1950~1980년대만 해도 석탄 산업은 국가기간 산업 중 하나였다. 지하 수십, 수백 미터에서 전등 하나에 의지해 석탄가루를 마셔가며 생사의 기로를 넘나들던 탄광의 마지막 장소가 막장이다. 사람들이 막장이란 단어에서 연상하는 것은 '캄캄하고 절망적이다', '더 이상 갈 수 없는, 갈 데까지 간'과 같은 의미들이었다. 극한의 경제적 어려움에 몰려 여기서 일하지 않고서는 생계를 꾸릴 수 없는 상황을 막장인생이라 부르게 되었으며, 오늘날 이사람 저사람 멋도 모르고 쓰는 막장으로 뜻이 변화했다. '막장'이라는 단어는 언젠가부터 '드라마' 앞에 붙어서 자극적인 소재를 바탕으로 현실 감각이 떨어지는 전개를 일삼는 극의 대명사로 불리고 있다. '막장 드라마'라는 말은 이제 거의 표준어에 가깝게 정착되었다.

이에 대해 석탄 공사 조관일 사장은 언론에서 마구 사용하기 시작했던 '막장 범죄', '막장 드라마', '막장 국회' 등의 용어가 부적절하다며 강하게 문제를 제기했었다. 조 사장이 언론에 기고한 칼럼 〈막장은 희망이다〉(2009년 3월4일, 강원도민일보)에서 기존의 '막장 범죄', '막장 국회', '막장 드라마' 등에 사용된 '막장'의 오용사례에 대해 지적하고 있다. 그의 주장은 "'막장'은 석탄광에서 제일 안쪽에 있는 지하의 끝부분이고, '숭고한' 산업 현장이며, '진지한' 삶의 터전이다"라며 "막장의 근무 환경은 열악하지만, 그곳은 막다른 곳이 아니라 계속 전진해야 하는 희망의 상징이다"라고 말하고 있다.

과거에서부터 현재까지 한탕주의 열풍은 꾸준히 있었다. "만약 여러분의 통장에 10억 원이 들어온다면 1년 동안 교도소에 갈 수 있다? 손들어보세요!" 2017년 초중고생을 대상으로 설문조사를 했는데 62.9%가 10억을 선택했다고 한다. 우리 청소년들이 자신의 미래보다 돈의 가치를 높이 평가하고 있다. 초중고 학생들이 돈 10억에 교도소에 가는 것을 아무렇지 않게 생각하는 것은 우리사회에 한탕주의가 만연해 있다는 증거이다. 부동산으로 시작된 한탕주의는 주식을 거쳐 최근엔 비트코인으로 번지고 있다.

비트코인에 대해서 자료를 찾다보면 비트코인이 최고가를 계속 경신하며 어떤 사람이 돈을 크게 벌었다는 뉴스와 많은 돈을 잃었다는 뉴스만 넘쳐난다. 정작 비트코인이 어떻게 발행되고, 어떤 원리로 있지도 않은 돈이 생겨나 거래되는지에 관한 구체적인 정보는 찾기 어렵다. 우리에게는 워낙 '투자' 내지는 '투기'의 개념으로만 알려졌지만 비트코인은 어느 날 저절로 시장에 떨어진 것이 아니다. 비트코인은 과거부터 지금까지 조금씩 '생산'되었고 지금도 여전히 누군가가 열심히 만들어내고 있다. 채굴이란 단순히 '채굴프로그램'을 돌려서 비트코인을 얻는 것에 불과한 것 같지만, 실은 비트코인의 거래 시스템을 유지하는 근간이다. 투기수요를 제외하더라도, 기성세대에 비해 비트코인의 작동 원리를 훨씬 잘 이해하는 청년세대가 비트코인에 많이 투자하고 있다는 것은 미래의 화폐 개념이 지금과 많이 달라질 것임을 예측하게 한다.

비트코인은 어느 시점이 되면 더 이상 채굴할 수 없는 막장이 될 것이다. 고갈된다는 뜻이다. 채굴이 끝나는 시점은 이론상 2040년이라서 아직 많이 남았지만 채굴기의 성능 향상과 양자 컴퓨터의 출시로 더 앞 당겨질 것이라 한다. 이미 전체 비트코인의 80%가 채굴됐고 2030년쯤이면 99% 채굴이 완료될 것이라 한다. 비트코인이 고갈되면 아마도 제2, 제3의 비트코인이 탄생할 것이다.

현재 1천5백종 이상의 암호화폐가 등장했고 기술적으로 비트코인보다 앞서 있다고 평가되는 것도 많다. 그럼에도 거래 규모나 가격에서 비트코인을 넘어선 것은 없다. 비트코인이 암호화폐 시장에서 가지는 실질적, 상징적 영향력이 클 수밖에 없다. 채굴이 종료된 이후 비트코인은 어떻게 될지 혹은 그 전에 어떤 상황이 발생할지에 관심을 가지고 지켜 볼 필요가 있다.

황금광시대와 비트코인시대

금金은 오랜 세월 동안 동서양을 가로지르며 인간 욕망의 대상이었다. 금에 얽힌 3,000년 역사를 조망한 『금, 인간의 영혼을 소유하다』(피터 번스타인 지음, 김승욱 옮김, 작가정신, 2010)에서는 황금에 대한 인간의 집착과 열정이 어떤 식으로 인류경제의 흐름을 바꾸고 유도해왔는지를 잘 보여주고 있다. 손에 닿는 것마다 금으로 만들어달라고 빌었던 미다스 왕의 일화에서 시작하여 스페인의 아메리카 정복, 20세기 초의 골드러시 등을 통해 금이 인간의 소유물을 뛰어넘어 오히려 인간의 영혼을 사로잡고 역사를 지배하는 과정을 추적하고 있다.

인간은 시대와 문명을 불문하고 금을 소유하고자 했다. 금을 향한 유럽인의 욕망은 14세기 포르투갈·스페인의 대항해 시대를 열었다. 1492년 콜럼버스의 탐험은 황금 찾기를 위한 인도 항로 개척이 목적이었다. 19세기 미국 서부의 '골드러시'gold rush도 황금에 대한 집착과 광기를 보여주는 대표적인 사례이다. 1849년 미국 캘리포니아에서 금이 발견되면서 금을 채취하기 위해 많은 사람들이 서부로 몰려갔다. 일확천금을 노려 의사, 판사 심지어는 신문기자, 선원들이 빠져나가서 신문사가 휴업하고 배가 운행을 못했고, 인근 샌프란시스코의 학교가 문을 닫았다고 한다. 학생과 교사들이 모두 금을 찾으러 떠난 탓이었다. 미국 동부, 유럽, 호주, 중남미, 아시아 등에서 무려 30여만 명이 몰려들었다고 한다.

우리나라에서도 황금에 미쳐 돌아가던 시기가 있었다. 1930년대의 '황금광 시대'이다. 조선총독부는 광복 전까지 3,000개 금광에서 300여 톤의 금을 채굴해갔다. 노다지와 벼락부자의 꿈을 좇는 열풍이 불었다. 금광 열풍은 계급과 연령과 신분을 가리지 않았다. "금을 찾아 떠나는 긴 행렬에는 온갖 계층의 군상들이 뒤섞여 있었다. 노동자, 농민, 자본가는 물론, 민족이나 국가, 이념만이 전부일 것만 같았던 지식인들까지. 청진기를 내던진 의사와 법복을 벗어던진 변호사 뒤로 펜을 놓은 소설가와 전향한 사회주의자가 뒤따랐다."(『황금광시대』, 전봉관, 살림출판사, 2005) 조선시대 금광 열풍을 다룬 책인 『황금광시대』의 저자 전봉관 교수는 다양한 사료들을 인용해 '황금광시대'의 사회 모습을 마치 눈앞에 펼쳐진 영화처럼 생생하게 보여준다. 그 시대의 신문기사, 소설, 신문만평은 한반도에서 벌어진 '한국판 골드러시'의 역사를 보여주고 있다.

"모든 광狂 시대를 지나서 이제는 황금광 시대가 왔다. 너도나도 금광, 금광하며 이욕에 귀 밝은 양민들이 대소동이다. 강화도는 사십 간만 남겨놓고 모두가 금 땅이라 하고 조선에는 어느 곳이나 금이 안 나는 곳이 없다하니 금 땅 위에서 사는 우리는 왜 이다지 구차한지?" 조선일보의 만문만화 〈시대상-황금광시대〉(1932년 11월29일)는 당시 세태를 이처럼 풍자했다. 〈삼천리〉(1934년 8월호) 또한 "예전에는 금광 꾼이라고 하면 미친놈으로 알았으나 지금은 금광 안 하는 사람을 미친놈으로 부르리만치 되었다"면서 "웬만한 양복쟁이로 금광꾼 아닌 사람이 별로 없다"고 말하고 있으며 '양복쟁이, 상투쟁이, 어른, 아이 할 것 없이 눈코 박힌 사람이 두세 명만 모이면 금광 이야기를 했다'고 쓰고 있다.

그 시절에는 농사꾼이 낫 대신 곡괭이를 들고 금맥을 찾겠다며 논밭을 파헤쳤고, 김유정을 비롯해 채만식, 이태준, 김기진 같은 당대의 문사들도 펜 대신 곡괭이를 들고 금광으로 달려갔다고 한다.

〈금따는 콩밭〉은 1935년 『개벽』 3월호에 발표된 김유정의 단편 소설로, 가난하고 무지한 농민인 '영식'이 금점판에서 이력이 닳은 친구 '수재'의 꼬드김에 빠져 자신의 콩밭에서 금줄을 찾으려다 오히려 한 해 농사를 다 망치고 망신을 당한다는 줄거리이다. 비록 가난하긴 하지만 한 해 한 해 농사를 지어 근근이 살아가던 한 농민이 금이라는 물질의 유혹에 빠져 앞뒤 안 가리고 달려드는 모습을 통해, 당대 식민지에서의 금광열풍, 일확천금을 얻고자 하는 욕망이 얼마나 사회 전반에 걸쳐 보편적으로 확산되었는지를 보여주고 있다. 주인공인 '영식'이 소작으로 갈아먹는 콩밭을 포기하고 금을 찾으려던 것은 결국 농사를 지어봤자 비료 값과 품삯도 안 나오는 허사임이 뻔했기 때문이다. 콩밭에 금맥이 있을 거라며 꾀었던 떠돌이 친구가 "금줄이 터졌다"고 거짓 희망을 부풀려 놓고는 그날 밤으로 달아날 궁리를 하는 것으로 이야기는 끝난다. 실제 충남 예산 등의 금광에서 일한 적이 있는 김유정은 〈금따는 콩밭〉 외에도 〈노다지〉와 같은 관련 작품들을 남겼다. 계용묵이 쓴 소설 〈백치 아다다〉에서도 아다다의 첫 남편이 광산 투기로 떼돈을 벌어 아다다를 버린다.

당시 금광으로 일확천금의 꿈을 이룬 대표적인 인물은 최창학으로 백수건달이던 그는 금광을 발견해 현재 가치로 1조 원이 넘는 돈을 벌어들였다. 금광을 통해 일확천금을 얻은 사람이 생기자 조선 사람들은 더더욱 금광으로 몰려들었다. 하루 일과가 끝난 금광 입구에서는 차마 눈뜨고 보기 어려운 풍경이 매일 같이 펼쳐졌다고 한다. 광부들이 벌거벗고 줄지어 늘어서서 신체의 특정부위까지 보여주어야 했고, 감독들은 혹시나 금이 박혀 있을까봐 광부의 항문까지 찬찬히 검사했던 것이다. 어떤 광부들은 자신의 팔다리를 다치게 해서라도 몰래 금을 빼돌리고자 하였다. 아울러 금을 둘러싼 각종 투기, 사기, 강도 사건들도 넘쳐났다. 백주에 강도가 금반지를 낀 젊은 부부의 손을 단칼에 잘라 도망간 사건도 있었다. 밀수꾼들은 금값이 상대적으로 비싼 만주로 금을 반출하기 위해 죽음을 무릅쓰고 압록강과 두만강을 넘었다고 한다.

1930년대 조선에 금광 열풍이 불게 된 이유를 전봉관 교수는 1930년대 조선총독부가 금광 업자에게 보조금을 지급하고, 생산된 금을 고가에 매수하는 '산금장려정책'을 편 탓으로 보고 있다. 일본은 군비를 확충하기 위해 당시 유일한 국제 통화인 금을 확보할 필요가 있었다며 1930년대 초 한반도에 불어 닥친 골드러시는 정교하게 기획된 정책의 산물이라고 분석했다.

그 당시 많은 사람이 황금을 잿빛 식민지의 탈출구로 여겼다. 조선인들의 인생을 역전시켜줄 수 있는 것은 오직 황금뿐이었다. 1930년대 한반도의 골드러시는 단순한 이야깃거리가 아닌 정치, 경제, 사회, 문화, 과학기술 등 문제가 마구 뒤엉켜 빚어진 사회현상이었다. 1930년대는 가히 '투기의 시대'라 이름 붙일만한 시기였다.

우리 땅에서의 식지 않는 금광 열기는 1930년대로 끝나지 않았다. 최근에는 비트코인을 향한 골드러시가 이어지고 있다. 19세기가 황금의 시대였다면 21세기는 비트코인의 시대이다. 비트코인 가격이 치솟으면서 벼락부자가 된 사람이 있다는 뉴스가 연일 방송을 탔고 자산가들 뿐 아니라 학생, 주부 등 너도나도 비트코인시장에 뛰어 들고 있다. 단기 시세차익을 노린 투기 광풍이 휘몰아쳤고, 국내에서는 거래가격이 해외보다 높게 형성되는 '웃돈'(김치프리미엄)까지 붙었다. 최근의 암호화폐 열풍을 두고 19세기 미국 캘리포니아, 호주 등 전 세계를 들썩였던 '골드러시'와 1930년대 우리나라의 '황금광시대'를 연상하는 사람이 많다. 애초에 암호화폐 생성 작업을 '채굴'^{mining}이라 명명한 것도 이를 빗댄 것이다.

비트코인은 여러 가지 면에서 금과 성격이 많이 닮았다. 매장량이 한정돼 있고, 수요와 공급에 의해 가격이 결정된다는 점이 그렇다. 한쪽에서는 비트코인을 채굴하고(금광 채굴), 다른 한쪽에선 이미 생산된 비트코인을 매매하고(금 매매), 이 비트코인으로 재화와 서비스를 구매하는 구조도 똑같다.(금본위제도) 그러니 비트코인을 '디지털 금'이라 부르는 것은 자연스러운 일이다. 그런데 비트코인은 금을 넘어선다. 전 세계 어디에 있든 쉽고 빠르게 인터넷을 통해 거래 수수료도 없이 돈을 주고받을 수 있기 때문이다.

아무리 금이 찬란히 빛나고 변하지 않는다 해도 누구나 얻을 수 있다면 지금과 같은 지위를 누리지 못했을 것이다. 누구나 원하지만 누구나 가질 수는 없는 금은 곧 지배계층의 전유물이자 부의 상징이 됐다. 비트코인 또한 원한다고 누구나 가질 수 있는 것이 아니다. 발행량이 정해져 있기 때문이다. 비트코인은 2040년까지 2,100만개만 유통되도록 공급량이 제한돼 있다. 물량은 한정돼 있는데 수요가 늘어나다 보니 가격이 오르게 된 것이다. 나라가 망하면 휴지가 되었던 지폐보다 금이 재산을 저장하는데 최고의 수단이었던 것처럼, 많은 사람들이 달러가치가 약세를 보이자 비트코인을 안전자산으로 인식하고 눈길을 돌리고 있다. 비트코인의 가장 큰 장점은 희소가치와 안정성이다.

그리고 여기에 비트코인이 미래에 화폐역할을 할 것이라고 믿는 사람들이 가세했다. 현재 비트코인의 시가총액 120억 달러(12조원)가 아닌 향후 3,000억 달러(약 300조원)까지 갈 것이라고 철석같이 믿으며 '존버'(끝까지 팔지 않고 버틴다는 뜻)가 답이라고 생각하는 사람들이 비트코인의 가치를 점점 높여주고 있다. 하지만 이렇게 완전한 믿음을 가지고 무한정 장기 투자하는 사람은 그리 많지 않다. 비트코인이 현재 일정 부분 화폐로서의 기능을 수행하고 있지만 법적인 기반 없이 사회적인 합의로만 이루어진 상태이기 때문이다. 전혀 보이지도 만지지도 못하는 암호화폐 시스템이 무너질 가능성을 완전히 배제할 수는 없다.

그러므로 지금의 비트코인 러시에서도 돈을 벌 기회는 의외의 품목에서 나올 수도 있다. 전문가들은 그 분야가 바로 '블록체인' 기술이라고 전망한다. 지금과 같이 모두의 관심이 코인의 가격 등락에만 쏠려있을 때, 미래에 블록체인을 통해 파생될 것들에 한 번 주의를 기울이라고 조언하고 있다. 그곳에서 코인매매의 시세차익 보다 훨씬 더 큰돈을 벌 수 있는 기회를 발견하게 될지도 모른다는 것이다.

19세기 골드러시 시대에는 사람이 몰리자 도시가 커지고 돈이 돌았다. 금광을 찾아 큰 부자가 된 사람도 있었지만, 금 캐러 온 사람들에게 필요한 용품을 팔아 부를 쌓은 상인이 더 많이 생겨났다. 당시 실제로 금을 캐 부자가 된 이는 극소수다. 오히려 금을 캐러온 이들에게 곡괭이나 다양한 용품을 판 상인이 돈을 많이 벌었다고 한다. 그 중에서도 청바지는 대박 품목이었다. 청바지의 대명사 '리바이스'를 만든 리바이 스트라우스도 처음엔 금광을 찾아 헤맸지만, 몇 번 실패 후 전략을 바꿨다. 금에 눈이 먼 광부들에게 찢어지지 않는 바지를 팔면서 시중의 돈을 긁어모았고, 갑부가 되었다. 튼튼하고 질긴 청바지로 인기를 끈 '리바이스' 브랜드는 지금까지 이어져 내려오고 있다.(『청바지 세상을 점령하다』, TBWA KOREA 저, 알마, 2008)

비트코인의 불안정성과 심한 변동성 그리고 불법적인 거래까지, 비트코인을 둘러싼 부정적인 견해에도 불구하고 비트코인의 가장 강력한 무기는 그것을 구성하고 있는 블록체인 기술에 있다. 비트코인 러시에서 '청바지'는 비트코인의 기반기술인 블록체인에서 나올 것이다. 블록체인은 원래 비트코인 시스템을 뒷받침하는 핵심 기술로 개발되었으나 지금은 비트코인과 별개로 독립된 기술로 활용하려는 시도가 이루어지고 있다.

블록체인Block Chain이란 거래가 블록에 담기고 이 블록들이 다른 블록들과 연결되면서 모든 참가자가 블록체인의 복사본을 동시에 갖게 되는 것이다. 모두가 거래 명세를 동시에 들고 있다는 점에서 블록체인을 '공공 거래 장부'라고 부르기도 한다. 모든 장부에는 똑같은 내용이 기록되어 있기 때문에 블록체인 장부에는 과거부터 현재까지 모든 기록이 남아 있다. 위조할 수도 없고, 안전하고 뛰어난 보안성이 블록체인의 가장 큰 장점이다. 중앙에서 통제하고 관리하는 방식이 아니기 때문에 속도가 빠르기도 하다. 이러한 특징 때문에 블록체인은 수많은 산업에 활용될 수 있다. 비트코인에서 시작된 블록체인은 이더리움을 통해 본격적으로 다른 분야에 활용되기 시작했다.

비트코인 개발자 사토시 나카모토는 2009년 발표한 자신의 논문에서 현대 통화제도의 문제점과 금융폐해를 지적했다. 그리고 다수의 사용자가 분산 정보를 공유하는 블록체인 시스템을 바탕으로 하는 비트코인이 민주적 통제가 가능하고 탈중앙화한 통화가 될 수 있다고 강조했다. 비트코인은 중앙은행이나 특정 발행 기관 없이 누구나 생산할 수 있다. 가격도 개인 간 거래에 따라 결정된다. 이러한 블록체인이 대중화되면 플랫폼을 선점하여 앉아서 떼돈을 벌고 있는 대형 유통업체들의 기득권 세력은 위축될 것이고, 은행도 필요 없어질 것이다.

비트코인 이후 블록체인이 열어갈 새로운 기회와 가능성에 대해 말하고 있는 『애프터 비트코인』(이용택 역, 21세기북스,

2018)의 저자 나카지마 마사시는 앞으로 블록체인은 금융과 비즈니스를 넘어 우리의 일상을 지배할 것이라고 하면서 블록체인은 하나의 기술인만큼 더욱 발전해나갈 것이고, 이와 함께 우리 삶의 모습도 급격하게 달라질 것이라 예측하고 있다. 블록체인의 파급력은 산업 전반을 획기적으로 바꿔놓을 '혁명'이라는 것이다. 금전 거래는 블록체인이 적용될 수 있는 수많은 사례 중 하나일 뿐 블록체인은 투표, 의료, 보험, 교통, 군사 등 많은 영역에 사용될 수 있는 기술이라고 한다. 저자는 암호화폐의 어떻게 전개될지 예단하기는 어렵지만, 적어도 암호화폐의 원천기술인 블록체인을 지배하는 자가 마지막 승자가 될 것이라 확신하고 있다. 1990년대에 출현한 인터넷 기술을 비즈니스에 먼저 적용한 아마존이나 페이스북 등이 세계적인 기업이 된 것처럼 한발 앞서 블록체인 기술을 비즈니스에 적용한다면 '금맥'은 바로 그곳에서 발견 될 것이다.

셰익스피어와
4차 산업혁명

'콜럼버스의 신세계 발견', '범 유럽적 변화', '신 중심의 세계 쇠퇴.' 이 단어들의 공통점은 무엇일까? 바로 영문학계에서 최고의 찬사를 받고 있는 윌리엄 셰익스피어William Shakespeare(1564년~1616년)가 살았던 시대에 발생한 사건들이다. 그는 이전 세계를 주도했던 사회질서가 무너지고 새로운 질서가 세워지는 격변의 시대에 살았다. 셰익스피어는 38편에 이르는 많은 극을 썼지만, 무엇보다도 사회 질서가 무너지고 등장인물들의 삶이 극심한 혼란에 빠지는 비극 장르에서 최고의 걸작을 남겼다. 후대 사람들은 그의 비극 중 대표작 네 편을 가리켜 '4대 비극'('오셀로', '리어왕', '맥베스', '햄

릿')이라고 부른다. 문학평론가 황광수는 셰익스피어가 사회의 제반 양상이 요동치는 전환기이자 격변기에 그려낸 인물들은 시대적 한계를 뛰어넘는 존재라고 평가하면서 2018년 지금 여기서 셰익스피어의 작품을 읽어야 하는 이유는 그가 한 시대가 아니라, 모든 시대를 위해 존재했기 때문이라고 한다.(『셰익스피어』, 황광수, 아르떼, 2018)

지금 우리는 3차 산업에서 4차 산업으로 변화하는 시대에 살고 있다. 셰익스피어와 현재 우리가 사는 시대는 기존의 틀이 변화되는 '위기'의 시대라는 공통점이 있다. 위기는 '위'험할 수 있지만, '기'회의 순간이 될 수도 있다. 4차 산업혁명의 시대는 우리가 여태 경험하지 못한 전혀 새로운 시대다. 그것에 대한 통찰력을 셰익스피어 작품을 통해 배워볼 수 있을 것이다.

"4차 산업혁명이 무엇인가요?"라고 사람들에게 물어보면 '인공 지능이 일자리를 대신해서 사람들이 직업을 잃고 혼란해지는 시기'라고 대답한다. 대부분의 사람들은 이 단어에서 희망과 의욕을 느끼기 보다는 막연함과 망설임, 그리고 불안함을 느끼고 있다. 인공지능과 로봇의 시대를 알리기 시작한 제 4차 산업혁명이란 말은 우리의 마음을 불안하게 하고, 심지어 공포에 떨게 만든다. '내가 가진 직장을 잃지나 않을까,' '우리 자식의 일자리를 로봇이 빼앗지는 않을까,' '수명은 길어진다는데 나의 노후의 먹거리가 없어지지는 않을까?'하는 염려를 하고 있다.

4차 산업혁명이란 말을 널리 퍼뜨린 사람은 클라우스 슈밥 Klaus Schwab이다. 클라우스 슈밥은 21세기의 시작과 동시에 4차 산업혁명이 시작되었다고 주장한다. 그는 4차 산업혁명이 디지털 혁명을 기반으로 한다고 하면서 모바일, 인터넷, 센서, 인공지능과 기계학습을 핵심요소 기술로 지칭했다. 그는 1차 산업혁명은 증기기관 발명에 의한 기계화, 2차 산업혁명은 전기의 발명에 의한 산업화(대량생산), 3차 산업혁명은 PC와 인터넷의 발명에 의한 정보화, 4차 산업혁명은 인공지능과 기술융합에 의한 지능화가 특징이라고 정리한다. 즉 1~3차 산업혁명은 한 가지 기술 발명에 의한 혁명이었는데 반하여, 4차 산업혁명은 인공지능 등 여러 기술의 융합에 의한 경제·사회·문화의 혁명이라고 할 수 있다고 말한다.(『클라우스 슈밥의 제4차 산업혁명 THE NEXT』, 클라우스 슈밥 저, 이민주, 이엽 역, 새로운 현재, 2018)

많은 사람들의 우려대로 4차 산업혁명은 우리의 일자리에 직접적인 영향을 미친다. 단순한 일은 로봇이나 AI인공 지능, Artificial Intelligence가 대체하기 때문이다. 이미 AI가 바둑에서 이세돌을 이기고, 그림도 그리고 소설도 쓰고 신문기사도 작성하며 금융 회사에 맡긴 돈도 알아서 굴려 준다. 하지만 4차 산업 혁명이 무조건 일자리를 축소하는 것은 아니다. 기술의 진보는 옛 일자리를 없애지만 새 일자리를 더 많이 만든다.

셰익스피어의 '오셀로'는 아내 데스데모나의 사랑을 믿지 못하고 불안해하다가 사랑하는 아내를 잃고 자신도 죽는 혹독한 대가를 치른다. 이렇게 의심과 불안은 인간의 분별력을 잃게 만든다. 또한 하나에만 집착하면 다른 많은 부분을 놓칠 수 있다는 것을 깨닫게 한다. 우리가 4차 산업혁명을 대할 때도 마찬가지이다. 다차원적으로 접근해야 한다. 많은 사람들이 눈앞에 보이는 문제점만 생각하며 두려움에 떨고 있다. 새로운 산업이 발생하면 새로운 직업이 생기기 마련이다. 인공지능과 로봇이 보편화 되는 것이 사람들에게 위기의 상황이라는 것을 부인할 수는 없다. 다만, 위기 상황으로 보이는 이 변화의 시기를 더 큰 발전의 기회로 삼아야 한다는 것이다. 4차 산업혁명 시대에 유망한 직업과 분야를 자발적으로 찾아 나서야 한다. 변화를 제대로 이해하고 대비하면 된다. 네트워크 확장과 사람, 사물, 데이터, 그리고 인공지능이 결합하는 분야에서는 많은 기회가 생길 것이다.

또한 4차 산업혁명시대에는 가상공간을 개척해야 한다. 4차 산업시대에 사람들은 대부분의 시간을 인터넷 등 가상공간에서 보내게 되기 때문이다. 셰익스피어 시대의 콜럼버스가 신세계를 발견했던 것처럼 인류역사에서 지금까지 개척의 역사는 오프라인 공간상의 개척이 중심이었다. 이웃나라 정복, 항해를 통한 신대륙 발견, 서부개척, 농촌에서 도시로의 이주화 및 도시화, 해양개발과 우주개척 등이 있었다. 그러다가 1990년대 중반부터 인터넷과 모바일을 포함한 IT가 사회 곳곳에 확산되면서 온라인 공간에서도 본격적으로 개척이 이루어졌다. 이민화 KAIST 교수는 『호모 모빌리언스 Homo Mobilians』(북콘서트, 2012)에서 '인류의 역사는 네트워크의 역사'라 정의하고, 육상 네트워크인 실크로드, 해상 네트워크인 대항해 시대, 그리고 온라인 네트워크인 인터넷에 이르기까지 네트워크의 발달을 추적하면서, '네트워크를 주도하는 세력이 역사를 이끌었다'고 말한다. 그는 또한 4차 산업혁명을 '현실과 가상이 인간을 중심으로 융합하는 것'이라고 결론내리고 있다.

또한 4차 산업혁명을 지배하는 것은 데이터 Data다. 1990년 중반부터 인터넷과 모바일을 중심으로 IT가 사회 곳곳에 확산되면서 온라인 공간에서도 개척이 이루어 졌으며, IT기술의 발달로 자료들이 차곡차곡 체계적으로 저장되기 시작했다. 과거 새로운 변화의 시기에는 석탄, 석유, 금, 지폐 등으로 인해 새로운 부가 생겨났고 부자계층이 만들어졌다. 4차 산업혁명 시대에는 데이터를 가지고 이를 지배하는 사람이 새로운 부자로 등극할 것이다. '4차 산업 혁명시대의 쌀'로 불리는 데이터가 곧 비즈니스 자산이 되고 있다.

셰익스피어의 4대 비극 중 가장 마지막에 발표된 '맥베스'는 권력과 욕망에 사로잡힌 인간의 끊임없는 욕심과 그에 대한 비극적 결말을 잘 보여주고 있다. 이 작품의 주인공 '맥베스'는 오늘날 기업의 모습과 다르지 않다. 그를 비극으로 몰아간 탐욕과 욕망은 결국 인간의 본성에 속하기 때문이다. 4차 산업혁명 시대에 사람과 닮은 인공지능 로봇보다 무서운 것은 축척된 데이터를 기반으로 자본을 빨아들이고 있는 애플, 구글, 아마존과 같은 거대 기업들이다.

'4차 산업혁명'이란 용어는 2016년 초 스위스 다보스 세계 경제포럼에서 알려진 개념이고, 우리나라에서는 이세돌 9단과 알파고의 바둑 대결을 계기로 충격 속에서 맞이하였다. 2016년 총 5회의 대국으로 진행된 이세돌 9단과 알파고 AlphaGo의 바둑대결은 인간과 인공지능의 대결로 큰 관심을 모았다. 사람들은 이세돌 9단이 당연히 승리할 것으로 예상했다. 하지만 결과는 4승1패로 알파고의 압승이었다. 알파고와 이세돌 9단의 대결을 통해 세계는 인공지능의 발전을 인정하고 체험했다.

이제 인공지능이 인간보다 더 능수능란하게 장기며 바둑을

두는 시대가 왔다. 언젠가는 인공지능이 상금까지 타게 될지 모른다. 그렇다면 인공지능 시대에 만들어진 화폐를 온 세상 사람이 신뢰하는 세상이 오더라도 그리 이상할 일은 없다. 그것이 비트코인이다.

4차 산업혁명을 대중들에게 가장 잘 이해시킨 것은 뜻밖에도 비트코인 소동이다. 화폐로서의 비트코인의 가장 큰 특징은 디지털 세계와 현실 세계를 넘나들며 작동한다는 점이다. 4차 산업혁명으로 인해 대부분의 시스템들이 인터넷과 연결이 되어 사회가 돌아가고 있고, 빠르고 쉽고 안전하게 쓰이는 암호화폐가 기존의 실물화폐를 대체해 나가고 있다. 이러한 시대에 현금과 동전을 들고 다니며 송금할 은행을 찾아다니는 일은 점점 더 힘들어질 뿐 아니라 비효율, 비경제적이기까지 하다.

우리의 어린 시절에 할머니들은 돈을 치마 속 고쟁이에 돌돌 말아 보관하였고 온라인 뱅킹을 믿을 수 없다며 송금은 은행창구에 가서 해야 된다고 굳이 은행을 찾아 나서곤 하셨다. 아직도 비트코인은 실체가 없다며 경계하는 우리의 모습일 수도 있다.

4차 산업시대를 이끌어 갈 인공지능은 당연히 암호화폐를 쓸 것이고, 인간이 인공지능에게 지불할 때 암호화폐를 써야만 할 것이다. 암호화폐는 사람이 아닌 기계에도 지갑(비트코인 계좌)을 쥐어줄 수 있는 특징이 있다. 자동차 스스로 기름을 넣은 뒤 결제를 하는 것은 비트코인이 있기에 가능하다. 그러므로 가상공간에서 시작되는 인류의 새로운 미래에서 돈은 디지털화 될 수밖에 없다. 게다가 요즘 한창 뜨고 있는 사물인터넷과 암호화폐는 서로 떼어 낼 수 없는 관계다. 사람이 시키지 않아도 알아서 음식 재료를 준비하는 스마트 냉장고는 스스로 비트코인으로 쌀과 김치를 주문할 것이다.

앞으로 돈은 어떻게 바뀔까? 아직 누구도 정답은 모른다. 비트코인과 같은 민간 암호화폐가 현재 국가가 발행하는 돈보다 더 많이 쓰일 수도 있고, 캐나다의 실험처럼 앞으로 국가가 디지털 돈을 발행할 수도 있다. 미국·일본 등이 암호화폐를 새 화폐나 금융상품으로 인정하고 있다. 글로벌 기업들과 중앙은행들도 암호화폐 발행을 준비 중이다. 분명한 것은 이제 디지털 금융 시대를 막을 수 없다는 점이다. 4차 산업혁명이라는 디지털경제로의 혁명적인 변화를 앞두고 암호화폐가 쉽게 몰락, 붕괴되지는 않을 것이다. 디지털경제, 디지털플랫폼의 비중이 커질수록 디지털화폐의 수요도 늘어날 것이 분명하기 때문이다. 또한 블록체인 기반 하에 다양한 상품들이 출시되면 암호화폐의 필요성은 더욱더욱 커질 전망이다. '비트코인 거품(버블)이 확 꺼질 것'이란 정부의 비판에도 암호화폐 시장이 성장하는 것은 미래의 기술에 대한 믿음과 무관하지 않다.

  비트코인을 살까, 이더리움을 살까, 지금 사는 것이 답일까? 재테크에 약간이라도 관심이 있는 현 시대 생활인들의 고민이다. 하지만 이러한 고민은 지금 진행되는 변화의 국면을 놓치는 것이다. 비트코인을 비롯한 암호화폐들은 블록체인 기술이 성공적으로 도입된 첫 사례로 평가받고 있다. 관련업계 전문가들은 암호화폐를 시작으로 블록체인 기술은 다양한 분야에서 4차 산업혁명의 핵심기술 역할을 할 것으로 전망하고 있다. 암호화폐를 통해 세상의 변화를 내다보고 4차 산업혁명을 대비해야만 한다.

  셰익스피어는 중세에서 르네상스로 넘어가는 격변의 시대에 살았다. 위기의 연속인 시대를 살며 그러한 것들을 자신의 작품세계에 녹여냈다. 셰익스피어가 위대한 것은 당대의 독특한 시대적 배경을 훨씬 뛰어넘는 작품들을 썼다는 데서 찾을 수 있다. 3차 산업혁명에서 4차 산업혁명으로 변화하는 이 시기의 유망한 분야와 직종을 우리 스스로 찾아내야 한다. 'To be or not to be, that is the question. 사느냐 죽느냐 그것이 문제로다.' '햄릿'의 대사이다. 어떤 것이 옳은 선택인지 모르지만 결국 이 고민은 4차 산업혁명이 비극이 아닌 희극으로 끝날 수 있는 새로운 국면을 맞이하기 위한 과정이다.

# 2장

비트코인과 김치프리미엄

호리병과 엽전

      조선 후기의 실학자이자 소설가였던 연암 박지원(1737년~1805년)은 뛰어난 문장가였으나 일찌감치 벼슬길을 단념하고 평생을 궁핍하게 살았다. 그는 늘 지인에게 돈을 좀 빌려달라는 '척독'^{尺牘}(우회적 표현으로 자신의 마음을 전하는 짧은 편지글)을 쓸 정도였다. 굶주림을 참기 힘들었던 어느 날 13살이나 어린 초정 박제가(1750년~1805년)에게 돈 좀 꿔 달라는 편지를 보낸다.

"진채^{陳蔡} 땅에서 곤액이 심하니, 도를 행하느라 그런 것은 아닐세. 망령되이 누추한 골목에서 무슨 일로 즐거워하느냐고 묻던 일에 견주어 본다네. 이 무릎을 굽히지 않은지 오래 되고 보니, 어떤 좋은 벼슬도 나만은 못할 것일세. 내 급히 절하네. 많으면 많을수록 좋으이. 여기 또 호리병을 보내니 가득 담아 보내줌이 어떠하실까?"

뜻풀이를 해보면 다음과 같다. 예전 공자가 제자들과 함께 진채 땅에서 7일간이나 밥을 지어 먹지 못하고 고생한 일이 있다. 그러니 진채 땅의 곤액이란 자기가 벌써 여러 날을 굶었다는 말이다. 그럼에도 벼슬하지 않아 무릎 굽힐 일 없음을 다행스럽게 여겼다. 하지만 이대로 굶어 죽을 수는 없고 돈 좀 꿔달란 소리다. 이왕이면 술까지 가득 담아 보내달라는 뜻이다. 그런데 막상 돈 꿔달란 편지에 돈이란 말은 보이지 않는다. 이런 편지를 받고 박제가가 보낸 답장은 이렇다.

"열흘 장맛비에 밥 싸들고 찾아가는 벗이 못됨을 부끄러워합니다. 공방孔方 200을 편지를 가져가는 하인 편에 보냅니다. 호리병 속의 일은 없습니다. 세상에 양주楊洲의 학은 없는 법이지요."

'양주의 학은 없는 법이지요'라는 것은 모든 조건을 만족시키는 완벽한 상황은 없음을 가리키는 고사故事다. 연암은 '술을 채워 달라'고 썼는데, 초정은 배고픔을 읽어냈다. 돈을 준다고 하면 마음 상할까봐 공방을 준다고 에둘러 표현했다. '공방'은 네모난 구멍을 지닌 동전이다. 엽전이라고 흔히 부르는 옛날 돈은 생김새가 겉은 둥글고 속 구멍은 모나게 뚫려 있어 이를 공방孔方이라고도 불렀다. 엽전을 200개나 보내면서 연암이 원하는 술은 담아주지 못하겠다고 말한다. 벗이 끼니도 챙기지 못한 채 빈속에 술을 마실까 걱정해서 술 대신 돈을 챙겨 보내겠다는 말이다. 그것도 모자라 '열흘 장맛비에 밥 싸들고 찾아가는 벗'이 못 되어서 미안하다는 말까지 덧붙인다. 즉, 고생하는 연암의 처지를 먼저 알아 찾아 갔어야 했는데 그렇게 하지 못해 부끄럽고 이제 하인을 통해 돈을 보내지만 술까지 보내달라는 부탁은 만족시켜 드리지 못하겠다는 것이다.

조선시대 지식인들의 내면세계를 보여주고 있는 책 『미쳐야 미친다』(정민, 푸른역사, 2004)에서 저자 정민 교수는 이 두 사람의 편지에서 공통점을 찾아낸다. 공통점은 다름 아닌 돈을 주고받는 서신임에도 불구하고 '돈' 이야기를 하지 않는다는 것이다. 박지원은 '진채의 땅'과 관련된 일화로 돈을 꾸어 달라는 말을 전했고, 박제가는 '공방'이라는 말로 '돈'을 표현했다.

우리의 옛 조상들은 표면에 드러내놓고 금전거래를 하지 않았다. 계약을 하거나 약속을 하거나 하는 것은 표면에서 하지만 현금의 거래는 대체로 이면에서 오가는 경우가 많았다. 아무리 정당한 거래일지라도 돈을 건넬 때는 대체로 종이에 싸거나 봉투에 넣어 주고받는다. 받는 사람 앞에서 헤아려서 돈을 주거나 헤아려서 받거나 하면 일종의 모욕감마저도 느낀다. 그러기에 돈의 액수를 입에 올리는 것까지도 기피한다. 몇십만 원 하지 않고 몇 장으로 통하는 것도 그 때문이다.

이규태는 한국인의 이러한 금전감각이 구체적인 돈 액수를 올린다는 것은 상스럽다는 생각에서 비롯되었다고 파악한다. 돈의 저주는 우리 선조들이 두루 누렸던 통념이었다는 것이다. 적어도 양반이나 양반을 추종하는 중인들은 돈의 구체적인 액수를 입에 올린다는 것이 그 계급에 속한 인신이나 체면의 모독으로 알았다. 이들이 물건을 살 때면 물건 값을 묻는 법이 없었다. 물건을 들여놓고 마음에 들면 청지기나 하인더러 값을 쳐주라고 분부할 뿐 몇 냥 몇 푼 값을 따진다는 법은 없었다. 그러기에 흥정은 사실상 하인이나 종이 깎거나 보태며 이루어졌다고 한다. 긴 여행을 떠나는 일이 있더라도 돈을 하인에게 맡길 뿐 손수 몸에 지니는 법은 없었다. 이처럼 돈이나 쌀같이 가장 생활에서 소중하고 기본이 되는 요소를 저주하게 된 것은 성리학의 재욕저주財慾咀呪에서 비롯된 것이라 분석하고 있다.(『한국학 에세이 2』, 이규태, 신원문화사, 1995)

유교적 덕목 실천에 온 힘을 기울였던 사대부들은 재물을 구체적으로 따지기를 꺼렸으며 토지문서조차 남을 통해 주고받았다. 토지의 양도 몇 평, 몇 홉이라는 구체적 표현 대신 몇 섬지기라 하였으며, 곳에 따라서는 하루갈이·이틀갈이 식으로 불렀다. 마지기라는 말도 한 말의 씨를 뿌릴 정도의 넓이를 가리키는 낱말로서 논밭의 그것이 다르고, 논의 경우에도 곳에 따라 150평에서 300평까지의 차이가 날 정도로 부정확한 계량법이었다.

뿐만 아니라 곡식도 몇 말, 몇 되 구체적으로 분량을 말한다는 것은 상스럽게 여겼다. 몇 식구가 며칠 먹을 것을 주라든지 몇 됫박 떠 주라는 등 타산적 표현은 되도록 하지 않았다. 그리하여 선비들이 기방에서 놀다가 화대를 준다든지 심부름꾼에게 팁을 준다든지 집안 아이들에게 세뱃돈을 줄 때는 돈을 접시에 얹어 오도록 하고 젓가락으로 집어서 주었다고 한다. 우리말로 팁을 젓가락돈이라고 함은 여기에서 연유된 것이다.

이러한 생활관습은 우리 조상들이 타산적이지 않은 삶을 인격완성의 한 지표로 삼은 까닭이며 서민들도 자연히 이를 따르지 않을 수 없었을 것이다. 그러므로 도량형기조차 일정 기준이 없어 들쑥날쑥 이었던 것은 어떻게 생각하면 당연한 일이기도 하였다. 돈에 대한 이러한 풍토는 오늘날에도 엄연히 살아있다. 금일봉金-封, 촌지寸志라고 표현하는 것에서 알 수 있듯이 구체적인 액수를 말하면 주는 사람이나 받는 사람 모두 치욕감을 느끼는 경우가 많다.

조선의 양반사회에서 선비들은 첫째로 돈을 몰라야 했다. 제 손으로 돈을 만져서도 안 되고 시장에 나가 물건 값을 물어봐서도 안 되었다. 더구나 '장안에 누가 가장 부자인지'에는 관심도 없었다. 이러한 영향으로 우리는 지금까지도 물질, 특히 돈에 대해 이야기하는 것을 금기시한다. 부자는 곧 깨끗하지 못한 사람, 남의 것을 빼앗은 사람이었다. 한국 사회에는 아직도 이런 생각이 지배적이다. 돈을 천시하고 초연한 척 위선을 떠는 사람들이 많다. 동서고금에 돈을 뜻하는 단어는 많다. 금金, 전錢, 화貨, 패貝, 폐幣, 보寶, 머니money, 캐시cash, 코인coin…. 그런데 순 우리말로는 '돈' 딱 하나뿐이다. 그만큼 드러내 놓고 돈을 입에 올리지 않았다는 반증이다.

한국인들은 '안녕하신지', '잘 지내느냐'고 물으면 '죽을 맛이다', '죽지 못해 산다', '그저 밥이나 먹고 살지'라고 대답하곤 했다. 고생 끝에 밥술깨나 먹고 살게 되었다 하더라도 결코 밖으로 드러내놓고 자랑하지 않는 것이 한국인의 전통적 심성이었다. 출세를 하거나 돈을 많이 벌었더라도 이를 뽐내거나 거들먹거리기는커녕 오히려 '죽을 지경입니다'하고 엄살을 떨고

삼가는 것이 어려움을 이기고 살아온 한국인의 모습이었다. 한국인들은 예전부터 높은 지위에 오르더라도 '죽겠습니다'하고 몸을 낮추었다. 자리가 높아지고 돈을 벌수록 겸손해야하고 자신을 낮추어야 한다는 것이 한국인들의 세상사는 지혜였고, 덕목德目이었기 때문이다.

이러한 전통의 영향으로 우리나라 사람들은 부의 축적을 원하면서도 그 자체에 대해 높이 평가하지 않는 이중성을 띠게 되었다. 이렇게 사회로부터 소외당한 돈이기에 돈은 음지에서 유통되곤 하였다. 하지만 한국인의 돈에 대한 이러한 이중적 태도는 1997년 외환위기를 겪으며 무너졌다. 돈에 솔직해졌다. 정부에 대한 신뢰가 깨지고, 정치에 대한 신뢰가 깨졌으며, 돈에 대한 신뢰만이 남게 되었다. 『부자 아빠 가난한 아빠』(로버트 기요사키, 샤론 레흐트 저, 형선호 역, 황금가지, 2000)라는 책이 2000년 한 해에만 100만 부나 팔려 나갔다. '부자 되세요'를 노골적으로 말하기 시작했다. 유전무죄 무전유죄가 현실임을 인정하게 되었고, 너도 나도 벼락부자를 꿈꾸고 공돈을 바라는 사회가 되었다. 앉아서 돈을 두 배, 세 배, 또는 수십 배로 불리고 싶은 욕심은 비트코인 열풍을 불러오고 있는 중이다. 위험해서 하지 말라는 말만 믿고 쳐다보지 않던 사람들도 남몰래 관심을 갖기 시작했다. 단톡방(단체 메신저 대화방)의 주된 관심사는 암호화폐의 시세 등락 및 수익률 인증이다. 떼돈을 번 일부 투자자가 인증 샷을 올리기도 한다.

어른들은 아이들이 돈 이야기를 하면 아이답지 못하다고 생각하였고, 아이가 돈 걱정을 하면 부모의 잘못으로 생각하였다. 돈이 없으면 당장 아무것도 할 수 없는 사회에서 돈을 이야기하는 것을 금기시하고, 돈의 중요성을 제대로 가르치지 않았다. 투자의 위험성을 이해하지 못하고 무작정 달려드는 특유의 투자 문화는 제대로 된 경제 교육의 부재에 그 원인을 찾을 수 있다. 자본주의 사회에서 욕망을 실현하기 위해서는 돈이 필요하다. 그럼에도 불구하고 돈을 벌고 쓰는 일이 인격과 어떻게 연관되어야 하는지를 배우거나 토론하는 사람은 거의 없는 것이 현실이다.

『한국인의 돈』(김열규, 곽진석 저, 이숲, 2009)에서 저자들은 고대부터 오늘날까지 한국의 역사 속 다양한 돈의 종류를 소개하면서 한국 사회에서 돈의 역할, 돈에 대한 한국인의 사고와 철학을 말하고 있다. 책에 따르면 돈을 뜻하는 한자 '錢전'은 원래 가래를 의미했다고 한다. 농사를 짓기 위해 꼭 필요하던 농기구를 본떠 돈을 만들었기 때문이다. 그만큼 돈이 인간 생활을 유지하는 데 유용한 수단이라는 뜻이다. 동시에 '錢'은 돈을 뜻하는 '金금'에 창戈 두 개가 맞붙어 싸우는 형태의 글자이기도 하다. 돈 때문에 사람들이 다툰다는 의미를 담고 있다. 저자는 이렇게 '錢' 글자 하나에서 요긴하고도 무서운 돈의 본질을 읽는다.

이처럼 돈은 모순적이다. 욕망의 대상이면서 피해야 할 함정이고, 사회를 움직이는 동력이면서 동시에 타락시키는 원흉이다. 이런 돈을 어떻게 봐야 하는지는 공방孔方에 담긴 의미를 살펴보면 알 수 있다. 공방은 테두리는 둥글고(孔) 구멍은 모난(方) 엽전의 모양을 가리킨다. 이것은 돈은 둥글둥글 세상을 고루 돌아서 쏠림이 없어야 빈부격차 없이 모두가 편안하고, 다른 한편으로는 돈을 벌고 씀이 경우와 사리에 딱딱 맞아야 사회가 건강하다는 의미다.

지금 우리가 쓰고 있는 지폐와 동전은 그 겉모습이나 속성 모두 인터넷이 등장하기 이전 우리의 생활공간에 맞춰서 발명된 것이다. 우리의 생활공간이 변했으니 지폐나 동전이 변하는 것 또한 필연적이다. 실제로 많은 전문가들이 암호 화폐가 앞으로 어떤 형태로든 정착할 것이라고 예견하고 있다.

비트코인에 대한 전문서적으로 비교적 일찍 출간된 『넥스트 머니 비트코인NEXT MONEY BITCOIN: 돈의 판도를 바꿀 디지털 화폐의 출현』(김진화, 부키, 2013년)은 비트코인을 '투자할 대상'으로보다는 '혁신적 화폐'로 바라보는 관점에서 저술하고 있다. 비트코인이 어떻게 탄생했는지, 어떻게 유통되는지, 어떤 장단점이 있는지를 기술적, 경제학적 시각으로 설명해준다. 비트코인에 대한 설명뿐만 아니라 돈의 본질이 뭔지, 돈을 왜 이해해야하는지에 대해서도 지적해준다. 그리고 다음과 같은 질문을 던지고 있다. 우리가 살고 있는 21세기에 필요한 돈의 조건은 무엇인가? 경제 주체 간 교환을 활성화시키기 위해서는 어떤 기능과 요건이 필요한가? 우리는 화폐에 무엇을 기대하고 있는가? 그리고 결론적으로 비트코인이 달러 중심의 현 기축 통화 체제를 대체할 만한 차세대 화폐가 된다고 보장할 수는 없지만 그러한 잠재력은 충분하다는 결론을 내고 있다. 디지털 시대에는 화폐제도나 금융시스템도 달라져야 한다는 생각을 하는 사람들에게 비트코인은 답을 찾는 과정중 하나이다.

된장녀와
김치프리미엄

현재 우리나라에서는 거의 모든 부정적인 언어에 '녀'를 붙이며 여성비하를 노골화하는 경향이 심한데, 된장녀가 그 대표 격이다. 된장녀는 밥값보다 비싼 커피를 마시는 여성, 즉 사치와 허영이 가득한 여성을 말한다. '된장녀'는 2003년 경 인터넷에서 사용하기 시작한 신조어인데 처음부터 지금처럼 폭 넓게 쓰인 것은 아니었다. 주요 일간지와 언론에서 '된장녀 현상'으로 연달아 다루면서 '된장녀'는 젊은 여성의 소비 행태를 말하는 개념으로 인식하게 되었다.

'된장녀'라는 단어의 유래를 두고서는 여러 가지 설이 분분하지만, 된장녀 묘사에는 일관되게 외국 문화에 대한 동경, 과

시적 소비, 그리고 남성에게 얻어먹기만 하는 여성의 모습이 그려진다. 이 말은 처음의 개념에 머무르지 않고 그 의미가 계속 확대 재생산되어, 현재는 주로 남성들이 생각하는 모든 부정적인 여성상들을 광범위하게 비하하는 말로 쓰이고 있다.

된장녀의 자매 품으로는 '김치녀'가 있다. 김치녀는 외모관리만 잘 해서 능력 있는 남자에게 빌붙어 등골을 빼먹는 여자를 의미한다. 쉽게 말하면 외모로 남자를 유인해서 철저하게 경제적으로 이용해 먹는 여자를 의미한다. 된장녀, 김치녀 이후 온라인상에서는 각종 ○○녀들이 범람했다. 2005년 지하철에서 반려견의 배설물을 치우지 않고 그냥 내려 사회의 지탄을 받은 개똥녀, 새로 나온 명품을 재빠르게 구입하는 여성을 일컫는 신상녀 등이 그것이다.

'된장녀'와 '김치녀'가 여성 혐오적 표현의 대명사로 쓰이면서 우리 사회에서 논란거리가 되고 있다. '된장녀'에 이어서 '김치녀'까지 우리 고유의 자랑스러운 음식이 모두 부정적인 의미의 신조어가 되어 버린 것이다. 한국의 상징으로 귀하게 여겨야 할 된장과 김치가 이렇게 쓰임을 받는다는 것은 참으로 안타까운 일이다.

비트코인과 관련해 사용하고 있는 '김치 프리미엄' 또한 김치의 부정적 사용의 또 다른 예이다. 비트코인에 대한 관심이 뜨거워지는 만큼 그와 관련된 신조어들도 많이 생기고 있는데, 그중 하나가 국내외 암호화폐 간 가격 차이를 뜻하는 '김치 프리미엄'이다. 줄여서 '김프'라 하는데 2017년 말부터 쓰이기 시작했다. 2017년 초 투자자 사이에 은어로 쓰이기 시작하다가 최종구 금융위원장이 "우리나라만 유독 가상화폐에 '김치 프리미엄'이 붙고 있다"고 언급하면서 일반인들에게 널리 알려지게 됐다. 영문 뉴스 사이트나 해외 암호화폐 사이트에서 김치 프리미엄Kimchi Premium이라는 말은 '과도한, 광적인, 원인을 잘 모르는, 예측할 수 없는' 등등의 뉘앙스를 내포하고 있는 말로 쓰이고 있다.

미국 암호화폐 청문회서도 '김치 프리미엄'이 언급되기도 했다. 2018년 2월 7일 미국 상원 은행위원회가 주최한 암호화폐 관련 청문회에서 제이 클레이튼Jay Clayton 증권거래위원회SEC 위원장과 크리스토퍼 지안카를로J Christopher Giancarlo 상품선물거래위원회CFTC 위원장이 답변자로 나선 가운데 위원들의 질문이 쏟아졌다. 청문회에서는 차익거래의 문제점을 지적하기 위해 김치 프리미엄이라는 단어가 직접 사용되기도 했다. 위원 중 한 명이 지안카를로 위원장에게 "김치 프리미엄이 무엇인지 설명해 달라"고 요청했고, 지안카를로 위원장은 "수요가 많은 곳(한국)에서는 가격이 높게 형성되고, 적은 곳에서는 낮게 형성되는 시장 현상이 있다"며 김치 프리미엄에 대해 설명했다.

 미국 CNN에서도 '김치 프리미엄'을 공식적으로 사용하였다. CNN에서는 한국 사람들이 비트코인에 거의 'Crazy'(열광하다, 미쳐있다)라고 보도했다. 한국 사람들의 투자에 대한 광적인 관심으로 해외보다 코인의 가격이 비싸졌다는 이야기이다.

 (http://money.cnn.com/video/news/2017/12/12/bitcoin-south-korea-kimchi-premium.cnnmoney/index.html)

 세계인들이 한국과 관련한 일에 김치를 떠올리는 것은 '김치는 한국 음식'이란 점이 세상에 많이 알려져 있다는 뜻일 것이다. 얼마 전 서울시에서 조사한 "외국인 관광객에게 한국하면 생각나는 것은?"이라는 설문조사에서도 김치가 1위를 차지한 것을 보면 김치가 우리 고유의 식품임은 대내외적으로 공인된 셈이다. '김치 프리미엄'이라는 말의 탄생 배경에는 이런 이유가 깔려있다.

 김치는 얼마 전까지만 해도 자랑거리이기 보다는 부끄러움의 대상이었다. 일제 강점기에 일본 사람들이 조선 사람들을 깔 볼 때 쓰는 말은 '김치냄새 나는'이란 단어였다. 야만인의 냄새가 난다는 것이었다. 조정래의 대하소설 『태백산맥』(해냄, 1995)에는 한민족의 정체성을 김치에서 찾는 '외국인'의 시선이 나온다. 한국전쟁 상황에서 남한에 오게 된 미국인들의 대화를 들어보면, 당시 한국은 '똥냄새, 김치냄새 나는 나라'다.

'맞아, 이 나라는 똥냄새와 김치냄새로 범벅이 된 나라야. 똥냄새도 지독하지만, 그 김치냄새! 그 숨 막히고 머리까지 띵한 그 썩는 냄새나는 걸 매끼 먹고 살다니, 정말 야만인은 야만인들이야. 그들은 온몸으로 그 썩는 냄새를 풍겨대지 않느냔 말야.'

역사적으로 김치냄새에 얽힌 모멸감의 경험이 있어 그런지 유독 다른 나라 사람들의 김치 비하 발언에는 인종차별을 들먹이며 강한 반발심을 드러낸다. 신경숙의 소설 『엄마를 부탁해』의 영문판 〈Please Look After Mom〉은 미국 발간 첫날 인터넷서점 아마존의 종합 베스트셀러 100위권에 진입하였다. 영미 언론의 호평이 이어졌지만 긍정적인 평가만 있었던 것은 아니었다. 모린 코리건 미 조지타운대 영문과 교수는 『엄마를 부탁해』에 대해 '김치냄새'Kimchi-scented 나는 싸구려 신파라고 혹평해 인종차별 논란까지 불러 일으켰었다.

이제 '김치'는 한국인을 상징한다. 우리 민족의 자존심이 되었고, 좋은 일이 생기면 그것은 곧 '김치의 힘'으로 말해지곤 한다. 2008년 미국의 건강 잡지 《헬스Health》는 일본의 낫또, 그리스의 요구르트, 스페인의 올리브유, 인도의 렌틸콩과 함께 한국의 김치를 세계 5대 건강식품 가운데 하나로 선정하기도 했다. 한국인들은 김치의 매운맛을 '할 수 있다는 정신', '작지만 당찬 성격' 등을 상징하는 것으로 사용하고 있다.

한국 사람들 사이에서도 김치 없이는 식사를 하지 못한다는 것은 촌스러움의 상징이지만 김치를 꼭 먹지 않아도 견딜 수 있다는 것은 한편으로 세련됨과 상류층의 상징이기도 하였다. 온갖 양념이 섞인 김치 냄새는 예전과 지금이 다르지 않을 테지만, 한국의 경제성장과 이와 비례해 높아진 영향력에 힘입어 김치는 '세계가 주목하는 건강식'이 됐고, 김치 냄새는 발효음식 특유의 향으로 소개된다.

그런데 왜 우리는 한민족의 정체성을 '김치'에서 찾으려 하는 걸까? 이어령은 여러 저서를 통해 김치와 관련지어 한국의 문화적 특징을 소개한 바 있다. 그의 저서 『김치, 천년의 맛』(김만조, 이규태, 이어령 공저, 서울 디자인 하우스, 1998)에서는 '김치가 한국음식을 대표한다는 것은 발효가 한국음식의 기본 밑바탕이라는 말과 같다'보고 있다.

이런 우리가 스스로 김치녀, 된장녀라는 단어를 만들어내어 김치·된장을 욕 대신 사용한다는 것은 참으로 모순적이다. 부정적인 뉘앙스를 풍기는 '김치프리미엄' 또한 한국 암호화폐 시장의 과도한 거품을 상징하는 단어로 자리를 잡아가고 있다. 똑같은 종목이 한국의 거래소에선 외국에 비해 통상 10%, 최근에 20% 가량 비싸게 거래된다. 이를 암호화폐 시장에선 '코리아 프리미엄'또는 '김치 프리미엄'이라 부른다. 2017년 6월의 상승장과 2018년 1월 대부분의 코인이 사상최고가를 경신할 때 김치프리미엄은 무려 50%를 넘기도 했다.

김치 프리미엄이 계속되자 일부 투자자들은 해외 시장에서 좀 더 싸게 산 비트코인을 국내시장으로 들여와 팔기도 했다. 예를 들어서, 똑같은 비트코인 가격이 한국보다 미국이 30% 싸다고 가정해보자. 미국에서 1,000달러어치의 비트코인을 사서 그것을 한국에 보내고 1,300달러에 판다면 클릭 몇 번으로 300달러를 버는 것이다. 이것을 재정거래arbitrage(차익거래)라 한다. 미국에서 싼 값에 비트코인을 사서 코인지갑에 송금을 한 뒤 국내 거래소에서 판매하는 방식이다.

김치 프리미엄이 생긴 근본적인 이유는 비트코인을 사려는 사람이 팔려는 사람보다 월등히 많기 때문이다. 우리나라에서 갑작스럽게 코인열풍이 불다 보니 구매하고 싶은 사람들이 많이 생겨났다. 수요가 아무리 많다 해도 공급이 원활하면 가격은 정상 수준을 찾을 것이다. 문제는 국내에는 마땅한 비트코인 공급처가 없다는 점이다. 비트코인은 채굴(마이닝)에 대한 보상으로 생성되는데, 우리나라에서는 채굴이 힘들다보니 자체적인 공급이 안 되고 있다.

채굴을 통한 공급이 안 된다면, 남은 한 가지 공급방법은 해외에서 들여오는 방법이다. 하지만 수입을 하기 위해서는 여러 가지 문제들이 발생하는데, 외국에서 돈을 주고 사와야 할 경우 외화를 송금할 때 드는 비용도 존재하고, 코인자체를 송금할 때 비용도 발생한다. 이러한 여러 가지 이유에서 비정상적이긴 하지만 자연스럽게 생겨난 프리미엄이다. 2017년 3분기까지만 해도 소위 '보따리상'들이 해외에서 비트코인을 들여와 국내 거래소에 풀었다. 그러나 이런 공급 통로가 막히면서 '김프'는 더 부풀어 올랐다. 정부에서는 가상화폐는 곧 '바다이야기'라는 공식을 내세워 광풍을 잠재우려고 여러 가지 규제책을 내놓았다.

2018년 1월초에는 비트코인 국내시세가 외국평균보다 30% 이상 비쌌지만, 정부가 가상화폐거래소 폐쇄 가능성을 언급하는 동시에 가상화폐 거래 실명제를 도입하는 등 잇따라 강력한 규제안을 발표하면서 2018년 1월 하순 부터 급격하게 가격차이가 줄어들었다. 이후 2018년 2월 초에는 국내 비트코인 가격이 해외시세보다 떨어지는 역프리미엄 현상이 발생했다.

한국음식의 대표주자로 자타가 공인하는 '김치'가 비트코인 시대를 만나 그리 유쾌하지 않은 별명을 얻게 되었다. '조급함'

과 '쏠림' 그리고 '광기'는 김치와 어울리지 않는 속성이다. 된장과 김치가 잘 말해주듯 한국은 원래부터 슬로푸드의 나라다. 패스트푸드는 서양에서 건너왔다. 경제의 변화와 그에 따른 생활양식의 변화가 '빨리빨리'를 부추기는 것일 뿐이지 타고난 기질의 문제는 아니다.

김치의 가장 큰 특징은 버무려진 재료들이 모두 어우러져 맛을 낼 때 까지 시간을 필요로 한다는 것이다. 그래서 김치는 '만들다'라고 표현하지 않고 '담그다'라고 한다. '담그다'는 김치를 만드는 재료를 버무리거나 물을 부어 익거나 삭도록 그릇에 넣는다는 말이다. '담그다'라는 말 속에는 '삭히다', '익히다'는 뜻이 포함돼 있다. 우리나라 음식 중에는 이렇게 삭히는 것들이 많다. 모두 기다려야 나오는 맛이고, 인내해야 생겨나는 맛이다. 공을 들이고 오랜 시간을 숙성시켜야 얻을 수 있는 맛이다. 김치가 그러하고 된장이 그러하다. 김치는 우리 민족에게 반찬용 채소절임 이상의 의미가 있다. 한민족의 우수성을 담보하는 음식이며, 전 세계에 내놓을 수 있는 자랑스러운 웰빙 음식이다.

라면처럼 즉석에서 먹어야 맛이 좋은 음식이 있는 반면 김치처럼 일정기간 숙성을 거쳐야 맛깔스럽게 익는 음식도 있다. 금융상품 역시 마찬가지다. 즉각 조리 해 먹을 때 맛있는 금융상품이 있는가 하면 반면, 시간을 두고 몇 년 이상 묵혀야 향기가 나는 금융상품이 있다. 우리의 새로운 먹거리인 비트코인은 숙성의 시간이 필요하다. 비트코인이 4차 산업혁명을 앞당길 촉매제가 될지, 아니면 인간의 탐욕으로 만들어낸 한갓 거품이 될지에 대해서는 좀 더 시간을 두고 볼 일이다.

덤과
에어드롭(Airdrop)

한국의 상거래 문화에서 빼놓을 수 없는 독특한 것이 있다면 바로 '덤'과 '에누리'이다. '덤'이란 제 값어치 외에 거저로 조금 더 얹어 주는 것을 말한다. 덤은 인정의 표현이기도 하면서 '공짜'라는 매력을 지니고 있기도 하다. 한국인의 거래 방식은 물건 값을 치르고 주고받는 것으로 끝나지 않고, 사는 사람은 덤을 받아야 흐뭇하고 파는 사람도 물건 값만큼만 주는 것은 어쩐지 야박한 것 같아서 한 웅큼 더 집어주는 것이다. 덤과 같은 의미로 사용되는 언어가 '우수리' 혹은 '우수', '개평' 등 여럿 있는 것을 보아도 그 다양한 쓰임을 짐작할 수 있다

'덤'과 비슷한 말로 '에누리'라는 것이 있다. 더 얹어 주거나 더하여 베풀기 어려운 경우이거나 온전한 모양새로 팔아야 하는 물건의 경우에는 그 값을 깎아 주었다. 여기에서 나온 것이 '이 세상에 에누리 없는 장사가 어디 있느냐'는 말과 '원님과 급창及唱(옛날 군청의 사환)이 흥정을 해도 에누리가 있다'는 속담이다. 지위가 높은 사람과 낮은 사람이 흥정을 해도 반드시 에누리가 있다는 말이다. '덤'과 '에누리'는 표현만 다를 뿐이지 동질이며 그것은 한국인의 미덕인 후한 인심에서 비롯된 것이라 할 수 있다.

이와 달리 서양에서는 물건을 살 때 덤을 주거나 에누리를 해주는 일은 결코 없다. 모든 게 원칙대로, 표시된 중량, 가격, 개수대로 물건을 사고판다. 그러나 그들에게는 한국의 덤에 상응하는 팁tip 문화가 있다. 서구에서 팁을 주기 시작한 것은 상당히 오래된 것으로 보인다. '팁'의 기원은 여러 갈래지만 18세기 영국에서 처음으로 사용됐다는 것이 정설이다. 한 카페에서 신속한 서비스를 제공하기 위해 고객이 직접 동전을 넣고 물건을 구매할 수 있도록 만든 일종의 지불상자에서 유래했다고 한다. 약자 'TIP'도 'To insure promptness(신속보장), To insure proper services(적절한 서비스보장), To improve performance(서비스 개선)' 등 의견이 분분하다.

이렇게 서구에서 비롯된 팁문화는 세계 여러 나라로 확산되어 현대사회의 보편적인 현상이기는 하나 그것을 받아들이는 양상은 나라마다 다르다. 유럽 다수의 나라처럼 '주면 감사히 받는 것'이 되기도 하고, 한국처럼 팁이 보편화되지 않아서 상대를 모욕하는 행위로 오해받기도 한다. '줄 필요 없는 것'에서 '주면 좋은 것' 정도가 팁의 대체적 인식일 것이다. 그러나 미국에서 팁은 '반드시 줘야 하는 것'이다. 미국 대부분의 지역에서 팁은 사실상 임금의 일부이기 때문이다. 팁을 법률이 규정하고 있는 것은 아니지만 일종의 사회적 합의에 의해 지켜져 온 관습이 되었다. 팁은 강제적인 것은 아니지만, 미국의 서비스 업계에 종사하는 종업원들의 주 수입원이자, 생계수단이기 때문에 팁을 주지 않으면 눈치를 받거나 멸시를 당하게 된다.

한국에서도 팁 문화가 아주 없었던 것은 아니다. 팁과 유사한 한국의 옛말이 행하行下다. 정확한 시기는 알 수 없지만 여러 소설에서 '행하'라는 표현이 자주 보이는 것으로 보아 행하는 오래된 관례였던 것으로 보인다. 행하란 경사가 있을 때 주거나, 위로조로 내리는 금품, 품삯을 뜻하는 말이다. 주로 놀이나 놀음이 끝난 뒤 기생이나 광대에게 준 보수를 행하라고도 하였다. 또한 새로 관직에 임명된 관리가 인사와 관계가 있는 중앙 여러 관부의 관리들에게 음식을 내려 주는 것도 행하라 하였다. 또한 짐을 날라다 준다든가 하면 인정미人情米라 하여 쌀이나 보리를 조롱박으로 퍼주는 관례가 있었다. 그리고 많은 곡식을 수확하고 나서 소작료만으로는 생계를 꾸릴 수 없는 사람들을 위해 누구나 퍼갈 수 있는 뒤주를 따로 두기도 하였다고 한다.

한국의 '덤'과 '행하'가 인정을 바탕으로 한 나눔의 의미가 크다면 서양의 팁은 봉사에 대한 정당한 보수라는 의미가 강하다. 한국인의 눈에 비추어 본 팁문화는 계산적이고 합리적인 자본주의 정신에 입각한 문화이다. 그래서 한국 사람들은 해외여행을 할 경우에 팁TIP 주는 것에 익숙하지 않아서 종종 갈등을 겪기도 한다.

현대의 한국인들 역시 '덤'과 '에누리'를 당연한 것으로 여기고 덤과 에누리가 없는 거래는 야박하다고 생각한다. 특히 정서적 관계를 중시하는 한국사회에서 덤은 '정情의 표시'로 인식된다. 요즈음에도 야채나 생선 같은 것을 거래할 때 가격만큼의 물건만 주는 것으로 끝나지 않고 덤을 주고받는다. 시장에서 콩나물 한 줌을 더 비닐봉지에 눌러 담는 모습과는 다른 형태의 덤도 있다. "한 번 더! 한 번 더!" 롤러코스터를 탄 승객들의 외침에 담당자는 놀이기구를 한 번 더 작동시켜주고, 노래방 주인은 서비스를 요구하는 손님을 위해 추가시간을 준다.

한국인들에게 비트코인 투기 열풍이 단기간에 번져나간 것에 대해서는 여러 가지 문화적 분석이 있었다. 집단주의 문화, 쏠림 문화, 냄비 근성 등을 든다. 일부에서는 비트코인의 변동성이 크다 보니 한국인 투자자들의 기호에 맞아떨어졌다고 주장하기도 한다. 이처럼 여러 논의 들이 있었지만 하나 더 주목해야 할 것은 한국인들의 공짜 좋아하는 심리를 타고 퍼지는 코인의 덤 마케팅이다.

비트코인으로 대표되는 많은 코인들은 시작부터 나눔이 매우 활성화 되었다. 처음에는 이 코인이 금전의 가치를 가지게 될 것이라 생각을 못하기도 했지만, 어차피 코인 사용자가 확장되려면 많은 사람들이 참여하고, 그들이 이 코인을 사용하고, 구입하고, 전송해서 쓰임새가 더더욱 많아져야 했기 때문이다. 이렇게 코인을 공짜로 나누어 주는 것을 '에어드롭'Airdrop이라 한다. 원래는 항공기나 낙하산에서 식량 등을 투하한다는 의미였으나 암호화폐 업계에서는 신규 코인이나 토큰을 무상으로 지급하는 것을 뜻한다. 일반적으로는 특정 암호화폐를 보유한 투자자에게 새로운 토큰을 배당해주는 형태다. 이는 주식시장에서 기존 주주에게 무상으로 주식을 배정하는 무상증자와 같다.

에어드롭은 2017년 8월1일 비트코인을 비트코인캐시BCH로

'하드포크'hard fork할 때 널리 알려지기 시작했다. 하드포크란 기존 블록체인과 호환되지 않는 새로운 버전의 블록체인으로 업데이트하는 과정을 말하며, 보통 기술적인 결함을 수정하거나 새로운 기능을 업그레이드하기 위한 목적으로 시행되는데 이때 새로운 코인이 생성된다.

하드포크가 진행되면 해당 코인을 보유한 사용자들은 같은 양의 코인을 추가로 지급 받게 된다. 비트코인 하드포크 사례를 보면, 비트코인을 보유한 사용자들은 같은 양의 비트코인 캐시BCH를 추가로 얻었다. 즉, 하드포크 이전에 10BTC를 보유한 사용자는 10BCH를, 5BTC를 가진 사용자는 5BCH를 1대1 비율로 지급 받았다. 이처럼 하드포크를 통해 탄생된 대표적인 코인으로는 비트코인 캐시 외에도 이더리움 클래식ETC이 있다.

암호화폐 개발자들이 코인을 공짜로 뿌려주는 에어드롭을 실시하는 이유는 크게 3가지가 있다. 우선은 마케팅 효과이다. 처음 나오는 코인은 관심을 집중 시키고 인지도를 높이기 위해 에어드롭을 실시한다. 이를 통해 개발자들은 자신들이 만든 새로운 코인에 대한 홍보비용을 줄일 수 있기 때문이다. 공짜 코인을 지급한다는 소문이 투자자들 사이에서 돌게 되고, 많은 커뮤니티, 미디어 등에 자연스럽게 알려지게 된다. 암호화폐 생태계에서 ICOinitial coin offering와 코인의 생존 여부에는 마케팅이 정말 중요하다. 마케팅이 안 되어 사라지는 암호화폐가 많기 때문이다. 비싼 광고판과 티셔츠에 광고비를 지출하는 대신, 홍보의 수단으로 에어드롭을 사용하는 것이다.

두 번째로는 토큰 보유자token holder들의 확산을 위해서이다. 여러 사람들이 골고루 해당 토큰을 가지고 있으면, 추후 암호화폐 거래소 상장 시에 가격 조정과 세력이 매도를 하려해도 가격 방어가 가능하며 완충효과를 얻을 수 있다. 따라서 ICO를 시작하는 개발자에게 가장 중요한 것은 해당 토큰 보유자들이 몇 명 인가이다. 암호화폐에 대한 관심은 높지만 실제로 암호화폐를 구입 하는 사람은 그 관심도에 비해 그리 많지 않다. 이런 상황에서 에어드롭은 향후 암호화폐 시장의 잠재 고객확보를 위한 좋은 접근방안이 될 수 있다.

세 번째로는 커뮤니티의 강화를 위해서이다. 암호화폐 시장에서 특정 코인의 성공지표는 얼마나 많은 사람들이 그 코인을 알고 있는지, 커뮤니티가 얼만큼 확산되어 있는지가 중요하다. 암호화폐 거래소들도 상장 여부를 검토할 때 커뮤니티 형성과 규모를 꼭 확인하고 있다. 비트코인, 이더리움과 같은 명실상부한 암호화폐의 선두 주자로 이미 수많은 팬을 확보한 커뮤니티 구성원에게 새로 개발한 코인을 나눠줌으로써, 저변 확대를 꾀하고자 하는 것이다.

에어드롭이 예정된 경우 특정 암호화폐 보유자들은 이를 배분받기 위한 기준이 되는 스냅 샷snapshot(에어드롭 기준일)이라는 과정을 거치게 된다. 스냅 샷이란 배분받을 토큰의 양을 정하기 위해 특정 시점에서의 기존 암호화폐의 보유량을 기록하는 것이다. 스냅 샷 기간 중에는 해당 암호화폐의 거래가 중지된다. 스냅 샷 일정이 1일부터라고 가정할 때, 해당 암호화폐의 거래는 1일부터 정지된다. 이후 이날 해당 암호화폐를 보유한 투자자들에게 당시에 기록된 양을 기준으로 정해진 비율에 따라 신규 암호화폐가 분배된다. 기존 코인을 가지고 있는 사용자를 기준으로 새로운 코인을 배부하기 전에 증빙자료를 제시해준다고 보면 된다.

일반적으로 에어드롭은 시장에서 '호재'로 판단한다. 기존 코인과 새로 생긴 코인의 가치가 함께 급등하는 경우가 많기 때문이다. 올해 4월 이오스EOS는 거래소의 에어드롭 지원 소식에 40% 넘게 급등하였다. 그러나 스냅샷 이후 가격이 급락하거나 거래량이 미미한 수준에 그치는 경우도 적지 않아 에어드롭만으로 호재라고 판단하기는 힘들다는 의견도 많다. 시장 상황, 코인의 종류에 따라 달라질 수 있다는 것이다.

실제로 에어드롭을 했다가 큰 폭으로 하락한 코인도 적지 않다. 대표적 사례 중 하나가 2017년 말 에어드롭을 진행한 엔

엑스티^{NXT}다. 12월28일 신규 토큰 이그니스^{Ignis}는 엔엑스티 보유자에게 코인을 나눠주는 에어드롭을 실시했다. 에어드롭을 위한 스냅샷 전후로 가격이 큰 폭으로 움직였다. 에어드롭 사흘 전인 12월25일 1.81달러로 고점을 찍은 후 이틀 뒤인 30일에는 0.52달러로 70% 넘게 폭락했다.

시간이 지날수록 에어드롭이 처음 의도된 효과를 잃기 시작하면서 오남용 되는 사례도 늘어가고 있다. 에어드롭 발표 전 시세를 올려놓고 에어드롭 직전 매도를 하여 시세차익을 남기는 세력이 있기 때문에 일반인들은 에어드롭 참여시 조심해야 한다고 코인전문가들은 조언하고 있다. 기존 암호화폐의 가격을 상승시키기 위한 펌핑(가격을 강제로 올리는 현상) 도구로 '에어드롭'을 적극적으로 활용하고 있다는 논란이 지속되고 있다. 이에 대해 이더리움 재단 특별고문이자 『비즈니스 블록체인』(박지훈, 류희원 역, 한빛미디어, 2017)의 저자인 윌리엄 무가야는 "지나치게 홍보성이 강한 투기 목적이 강한 ICO는 단지 투자자의 관심을 끌기 위해, 허가 없이 무작위의 에어드롭을 자유롭게 내보내는 경향이 있으며, 이런 에어드롭은 단지 스팸 메일에 불과하다"고 경고했다. 에어드롭이 개발자에게는 효과적인 홍보 수단으로, 투자자에게는 새로운 토큰을 알게 되는 좋은 기회가 될 수도 있다. 하지만 사기성이 농후하고 투기적 측면이 강한 에어드롭인지는 잘 분별하여 투자의 손실을 막을 수 있도록 해야만 한다.

공짜 돈이라 할 수 있는 에어드롭Airdrop을 받기 위해 사용자들은 그것을 지원하는 거래소로 자신이 보유한 코인을 옮기거나, 해당코인을 추가 매입하기도 한다. 이러한 이유로 에어드롭 이전에는 가격이 폭등하고, 거래소들도 치열한 눈치작전을 벌인다. 에어드롭을 한마디로 말한다면 모두가 일정하게 나누어 갖는 공짜 선물이다. 공짜를 좋아하는 것은 동서양을 불문하고 세계 모든 나라의 공통적인 현상이다. 하지만 각자가 부담하는 '더치페이'가 발달한 서양에서는 남의 신세를 지는 법이 별로 없다. 그러다 보니 남의 것을 '덥석' 받아먹는 경우도 별로 없고 우리나라 사람들처럼 덤과 공짜에 그리 적극적이지 않다.

우리나라에서 유독 코인열풍이 심한 것은 코인의 공짜 마케팅에 힘입은 바 크다. 남에게 얻어먹거나 공짜로 뭔가를 받는 것을 좋아하는 기질에다가 자신의 노력보다 더 큰 보상을 바라는 특성이 결합하여 비트코인 열풍을 불러 왔다. '공짜'라는 것에 큰 의미를 부여함으로 인해 '코인 과소비'가 일어난 것이다.

스타벅스와
비트코인

"커피 한 잔 하실래요?"라는 말은 세대를 막론하고 마음에 드는 이성에게 건네는 변치 않는 '작업' 멘트다. "밥 한 끼 먹읍시다"라는 말보다 부담스럽지 않고 "술 한잔하실까요?"라는 말처럼 가볍지 않기 때문이다. 사랑을 속삭일 때뿐 아니라 누군가와 대화하고 싶을 때 '커피 한 잔'을 청하는 것은 오늘의 한국인들에게 너무나 자연스러운 일상이 되었다. 최근에 실시한 조사에 따르면 한국인이 가장 많이 먹는 음식은 밥과 김치, 불고기가 아닌 커피인 것으로 밝혀졌다. 농림축산식품부와 한국농수산식품유통공사는 2013년에 주당 소비 빈도가 가장 높은 음식은 커피 12.2회로 1인당 하루에 약

두 잔을 마시는 것으로 나타났다고 밝혔다.

스타벅스가 우리나라에 들어온 초창기에는 스타벅스에서 커피를 마시는 여자를 두고 '된장녀'라 부르며 많은 사람들의 입에 오르내렸다. '된장녀'는 삼사천 원짜리 점심을 먹고 5,000~6,000원짜리 커피 전문점 커피를 매일 즐기는 여성들을 비하하는 말로 '능력도 안 되면서 비싼 명품만 좋아하는 허영녀'를 대변했다. 하지만 어느덧 커피는 된장녀들의 사치품이 아닌 현대인들의 일상이자 생필품이 되었고, 스타벅스 매장은 세대를 불문하고 들르는 친숙한 장소가 되었다. 2018년 현재 서울은 세계에서 스타벅스 매장이 가장 많은 도시가 되었다.

현재 우리 사회에서 가장 뜨거운 주제는 암호화폐이다. 비트코인 개념이 세상에 선보인 게 2008년 8월18일이고 우리나라에 본격적으로 소개된 것은 2016년, 2017년도이다. 그러므로 아직 채 3년이 되지 않았다. 비트코인Bitcoin, 이더리움Ethereum 같은 생소한 이름의 암호화폐 투자로 대박을 냈느니 쪽박을 찼느니 하는 이야기가 자주 들린다. 어떤 젊은이가 백만 원으로 10억을 벌었다는 인터뷰가 방송을 타기도 했다.

뉴욕타임즈, 월스트리트저널 등 주요 외신들도 한국의 암호화폐 열풍에 주목했다. 외신들은 '암호화폐에 대한 열기가 한국보다 뜨거운 곳은 없다'며 '10대부터 70대까지 전 연령층이 암호화폐에 매달리고 있다'고 평했다. 우리나라의 암호화폐 거래량이 세계 3위에 올라섰다. 암호화폐 시장이 한국에서 급속도로 커져가는 이유를 스타벅스 매장 확대사례에 비추어 생각해 보고, 스타벅스의 현재 모습을 통해 비트코인의 미래를 예측해 볼 수 있다.

우리나라가 스타벅스 대국이 된 시발점은 한국인 특유의 집단주의 문화와 그에 따른 동조현상에서 비롯되었다는 연구결과도 있다. 많은 인구가 대도시를 중심으로 밀집되어 있다 보니 소문이나 루머에 쉽게 휩쓸릴 수 있는 환경이다. 또한 한국인들의 집단성은 매우 높아 남과 달라서는 안 된다는 의식이 지배하고 있다. 한국인들은 특정 상품이나 유행어가 나돌 때 이를 따라가지 않으면 뒤처진다고 생각한다.

미국, 중국 같은 곳에서 암호화폐 시장이 몇 년에 걸쳐 차근차근 성장한 것과 달리 한국 시장은 1년 전부터 급작스럽게 성장했다. 비트코인으로 돈을 벌었다는 사람이 생겨나자 남의 일에 관심이 많은 한국 사람들은 가만히 두고 볼 수만 없었다. 너도 나도 암호화폐 시장에 뛰어든 것이다. 갑자기 벼락부자가 됐다는 사람들이 언론에 보도되면서 '나는 도대체 뭔가' 하는 생각이 들었다고 한다. "비트코인 사셨어요? 언제 얼마에 사셨어요? 엄청 올랐던데, 나도 사야 하나?" 이제 더 이상 스타벅스 커피는 된장녀의 상징이 아니듯 비트코인을 거래하는 사람들은 일부 광란의 투기세력들만은 아니다.

스타벅스 이용 고객층이 20대 여성층 위주에서 10대부터 40~50대까지 다양해진 것처럼 코인을 거래하는 연령층은 점차 확대되고 있다. 주부들이 모이면 옛날에는 자녀 얘기, 부동산 얘기로 넘어갔지만 이제는 비트코인 이야기를 한다. 카카오톡 플랫폼 기반의 업비트가 2017년 10월부터 정식으로 서비스를 시작하여, 카카오톡 가입자라면 클릭 몇 번으로 가입이 가능하게 되었다. 카카오톡 단톡방을 통해 '누구는 비트코인 투자로 얼마를 벌었다더라'는 입소문이 퍼지면서 '나도 한번 투자해 볼까'하는 '코린이(코인 어린이)'들까지 시장에 신규 유입되었다.

두 번째는 테이크아웃 문화로 대표되는 모바일문화의 영향이다. 우리나라에 테이크아웃 문화가 본격적으로 시작한 것은 스타벅스 커피전문점이 소개되면서부터라고 한다. 맹명관의 『스타벅스 100호점의 숨겨진 비밀』(비전코리아, 2005)에서는 '테이크아웃을 한국문화에 접목시키는 것은 쉽지 않았다'고 했다. 당시 한국엔 약 2만5천개의 다방이 있었는데 '차를 들고 다니면서 마신다'는 것은 한국문화엔 매우 생소한 행동이었고, 1999년 당시만 해도 길에서 음식을 들고 다니면서 먹는 것 자체를 저급한 일로 취급하는 사회풍조가 있던 시기였다. 음식을 먹으면서 길거리를 돌아다니면 '음식을 길에서 먹는 건 거지'라고 꾸짖음을 당하기 일쑤였고, 식사예절에 매우 어긋나는 행위로 보았다. 그래서 테이크아웃이 국내에 등장했을 때 한국인 정서와는 맞지 않는다는 선입견이 있었다.

지금은 하나의 생활양식으로 자리 잡았지만 당시엔 무척 어색하고 받아들여지기 쉽지 않았기 때문에, 스타벅스는 에스프레소 커피를 알리는 것과 '들고 나가서 마시는' 커피 문화를 인식시키기 위해 전 직원이 출근길에 커피를 한 잔씩 들고 다녔다고 한다. 하지만 지금은 길거리엔 온통 '거지'들로 넘쳐나고 있다. "점잖지 못하게 어디 길거리로 먹을 걸 갖고 나와?"라고 혀를 차는 어른들이 아직 있을지 모르겠지만, 이제 커피는 거리에서 즐기는 음료가 되었고, 테이크아웃은 커피와 함께 성장해 다양한 종류의 음식으로 확대되고 있다. 최근에는 음식뿐만 아니라 다양한 분야에서 '테이크아웃'이란 용어가 쓰이고 있는데, 집이나 사무실 밖에서 무선으로 초고속 인터넷을 할 수 있다는 개념에서 유래한 '테이크아웃 인터넷'이 있고, 영상이나 음성을 디지털로 변환하는 기술 및 이를 휴대용 IT기기에서 방송하는 서비스를 말하는 DMB[Digital Multimedia Broadcasting]를 '테이크아웃 TV'라고 한다.

문화연구자들은 '테이크아웃'의 확산으로 한국의 뿌리 깊은 '좌식坐式 문화'가 '입식立式 문화'로 바뀌어가는 사회적 의미에 주목한다. 한양대 건축공학부 서현 교수는 "스탠딩 문화의 성장은 우리 사회가 수직사회에서 수평적 사회로 변화하고 있다는 것을 의미한다. 앉아서 하는 연회에 상석上席이나 헤드테이블이 있는 반면 칵테일파티에서는 누구든 주인공이 될 수 있기 때문이다. 그러나 능률적, 효율적, 단순명쾌한 스탠딩 문화가 아랫목에 엉덩이를 붙이고 앉아 은근하게 이야기를 나누는 우리네 정서를 바꿔가는 점도 무시할 수 없다"고 분석한다. 테이크아웃 문화는 바쁘게 움직여야 하는 현대인들의 생활방식에 부합하는 면이 있기 때문에 확산일로에 있다. 이제 '스탠딩족'의 모습은 주위에서 쉽게 볼 수 있다. 한 손에는 테이크아웃 커피, 다른 한 손에는 휴대전화를 들고 걸어 다니며, 서서 음식을 먹고 서서 휴대전화를 사용하는 사람들이 넘쳐나고 있다. 테이크아웃의 확산은 단지 판매방식이나 소비방식의 변화에만 그치는 것이 아니라, 생활방식의 변화로까지 연결된다.

이처럼 '테이크아웃'은 현대적 생활양식의 산물이기에 은행을 벗어나 이동하면서 수수료 없이 순식간에 그 누구의 통제도 받지 않고 비트코인송금을 완료해본 사람은 그 편리함을 쉽게 버릴 수 없다. 온라인 결제에 걸리는 시간을 측정해 본 결과 신용카드의 경우 물건을 구입하기 위해 8번의 클릭과 33초의 시간이 소요되지만 비트코인은 3번의 클릭과 11초의 시간으로 물건을 구입할 수 있다. 이처럼 비트코인의 큰 장점은 은행이나 카드사가 끼어들지 않고 고객과 판매자, 개인 대 개인이 직접 돈을 주고받을 수 있다는 점이다. 그래서 수수료가 거의 없고 결제 과정이 매우 편리하다. 비트코인은 전 세계 언제 어디서나 즉시 어떤 금액이라도 보내고 받는 것이 가능하다. 은행운영시간이나 휴일을 고려할 필요도 없다. 국경도 없고, 금액 제한 한도도 없다.

세 번째로는 스타벅스가 단순히 커피만 판 것이 아니라, 고객들의 새로운 공간에 대한 요구를 충족 시켜주었다는 점을 들 수 있다. 『스타벅스, 공간을 팝니다』(주홍식, 알에이치코리아, 2017)에서 저자는 넘쳐나는 커피숍 가운데 유독 스타벅스가 잘 나가는 이유를 두고 단순히 커피를 파는 곳이 아닌 '공간'을 파는 마케팅 전략 때문이라 분석한다.

예전에 우리의 만남의 장소였던 '다방'은 도심에서 변두리로 변두리에서 시골로 점차 사라지고 있다. 다방이 사라지는 가장 큰 이유는 우리의 달라지는 생활 문화를 수용하지 못했기 때문이다. 다방은 이제 나이 든 사람들이 죽치고 앉아서 시간 때우는 장소로 여겨질 뿐이다. 소비 고객층의 마음을 사로

잡는데 실패했기 때문에 스타벅스와 전혀 반대의 길을 걷고 있다. 이에 반해 스타벅스는 산뜻한 인테리어로 꾸며진 곳, 집이나 학교보다 더 자유롭게 사람들과 만나서 이야기할 수 있는 곳, 혼자서도 편안하게 휴식을 취할 수 있는 곳, 일에 얽매이지 않고 대화를 나눌 수 있는 곳으로 여긴다. 커피 한 잔 값에 '나만의 공간'을 살 수 있는 장소이다. 도서관이자 사무실, 스터디 공간이자 사랑방, 그리고 누군가에겐 나만의 도피처가 되고 있다. 스타벅스가 판 것은 그냥 커피가 아니라 공간이었고, 고객들이 스타벅스를 좋아하는 이유 또한 그것이다.

이와 마찬가지로 비트코인이 현대인들의 돈에 대한 새로운 요구를 충족시켜 주었기 때문에 인기를 얻고 있다. 비트코인이 세계인의 주목을 받게 된 것은 2008년 세계 금융위기 이후 미국의 양적완화 정책아래 미 연방준비은행이 달러를 무제한 공급하기 시작하면서 부터였다. 그에 대한 반작용으로 새로운 대안화폐에 대한 욕구가 분출하고 있었다. 공급이 안정적이며 주요 통화국이 함부로 간섭하지 못하는 국제통화를 사람들이 간절히 원하던 바로 그 시기에 비트코인이 등장하여 관심을 가지게 된 것이다.『화폐전쟁』(쑹훙빙 지음, 차혜정 옮김, 랜덤하우스코리아, 2008)에서 저자는 화폐를 둘러싼 음모론을 들려준다. 돈의 원래 이름은 '은행권'이었다고 한다. 원래는 은행에 맡겨

놓은 금과 바꾸던 교환권이었기 때문이다. 지금은 은행에 금이 없음에도 화폐는 여전히 교환권만큼 값어치가 있다는 점이다. 이는 돈의 본질에 대해 다시 생각하게 만든다.

마지막으로 정부의 간섭이나 법적 규제로는 시대의 변화를 막을 수 없다는 점을 들 수 있다. 스타벅스를 비롯한 커피전문점이 급속도로 번지자 다방을 지키기 위해 2013년에는 커피전문점을 규제 하려는 움직임이 있었다. 하지만 스마트폰의 등장으로 카메라와 필름, 그리고 mp3의 시장이 쇠퇴하듯 커피전문점의 등장으로 다방이 사라져 가는 것은 당연한 수순이었고 법으로도 이를 막을 수는 없었다. 인위적인 규제로 골목상권을 지키는 것보다 자율적인 경쟁에 의해 시장에 맡기는 것이 훨씬 효율적이다. 소비자의 선택권은 규제할 수 없기 때문이다.

주요 선진국 금융시장과 다국적 기업이 암호화폐에 대해 긍정적으로 검토하고 있는 반면 우리 정부는 여전히 부정적인 인식을 보이고 있다. 한국 정부는 기본적으로 가상화폐는 통화가 아니라는 입장을 보이고 있다. 금융당국은 유사수신행위로 규정해 불법으로 본다는 방침이다. 우리나라는 중국 다음으로 세계에서 두 번째로 ICO(신규 암호화폐 발행을 통한 자금조달)를 금지했다. 또 정부는 거래소 인가제에 대해 '도박장을 인정하는 꼴'이라며 도입 불가 방침을 밝혔다. 이는 다방을 지키기 위해 커피전문점을 규제해야 한다는 것처럼 시대의 흐름에 맞지 않는 일이다. 만일 스타벅스와 같은 커피전문점을 규제하고 다방의 활성화 방안을 추진했다면 지금과 같은 시장 환경이 조성될 수는 없었을 것이다.

스타벅스와 비트코인은 동일한 수순을 밟아 가고 있다. 처음에는 남이 하니 따라하다가 일상이 되고 뗄 수 없는 삶의 일부분이 되었다. 비트코인은 한국 진출 3년 만에 돈에 대한 관념을 바꾸고 있다. 지금은 낯설기만 하던 '테이크아웃'이란 용어를 모르는 사람이 없듯이 비트코인을 모르는 사람은 극소수이다. 또한 스타벅스가 전 세계를 휩쓸면서 수많은 유사 업종을 만들어냈듯, 마찬가지로 비트코인은 다양한 알트코인 **Alternative coin**(비트코인 이외 암호화폐의 통칭)인 이더리움, 리플 등을 만들어내면서 계속 진화에 진화를 거듭하고 있다.

디지털머니는 우리의 생활과 세상을 변화시키고 있다. 아날로그세대의 종이돈과 디지털 시대의 디지털머니의 싸움은 시대적 요청이다. 많은 사람들이 신용카드, 모바일 카드 등 디지털화폐를 사용하고, 인터넷뱅킹을 통해 금융 업무를 본다. 회비, 경조사비 등도 모바일 메신저를 이용하고, 백화점, 주유소, 문화상품권 등과 같은 모바일 쿠폰 서비스가 인기를 얻고 있다. 케이뱅크, 카카오뱅크 등의 인터넷전문은행이 강세를 보이고 있다. 스마트폰을 기반으로 하는 모바일 결제시장이 날로 커지고 있다. 정보통신기술의 발달로 물물교환과 신용거래가 전산화됨으로써 종이화폐가 불필요해지고 중앙은행의 입지가 좁아지고 있다.

경제적 수준과 사회적 지위에 상관없이 전 세계 많은 사람들이 비트코인의 간편한 거래와 저렴한 수수료에 열광하고 있다. 골목마다 스타벅스가 입점한 것처럼 암호화폐의 성장력은 가히 폭발적이다. 오늘날 한국사회에서 스타벅스와 같은 브랜드커피전문점은 유행이 아니라 새로운 생활방식의 출현으로 보는 것이 더 정확하다. 유행은 지나가면 언제 그랬냐는 듯 끝나버리지만 생활방식은 앞으로도 오랫동안 우리 생활을 지배하는 새로운 문화적 일상으로 견고한 뿌리를 내리게 된다. 스타벅스 커피 한 잔에서 비트코인의 미래를 본다.

아파트와
비트코인

한국인들 대부분은 어린 시절 "뭘 잘했다고 꼬박꼬박 말대꾸를 하는 거야?"라는 어른들의 호통을 한 번쯤은 들어 보았을 것이다. 상대방의 말을 받아치는 '말대꾸'는 의도하지 않게 소통보다는 대결 구도를 만들고 만다. 그러므로 상대가 어른이거나 상사일 경우에는 불합리하고 못마땅해도 자신의 의견을 말하기 보다는 아무런 답을 하지 않고 듣고만 있어야 하는 것이 우리의 언어 예절이다.

윗사람이나 어른들의 말을 수용하지 않고 반박하게 되는 경우에 말대꾸를 한다고 하며 바람직하지 못한 언어 습관이라고 지적받는다. 즉 예의에 어긋난 버릇없는 행동으로 간주된다.

말대꾸는 남의 말을 듣고 그대로 받아들이지 않고 그 자리에서 제 의사를 나타내는 것으로 말대꾸를 한다는 표현은 부정적인 의미를 수반한다. 예를 들어 '어른이 말씀하시는데 사사건건 말대꾸할 거냐?'라는 말은 어른의 말을 수용하고 그에 따른 반응으로 '네'라는 대답을 강요하는 소통방식이다. 이러한 소통구조 속에서 아버지, 선생님, 직장상사가 말하는 내용의 진위 여부는 별로 중요하지 않다. 윗사람이 말하는 것이 무엇이든, 어떻게 말했든지 간에 그것을 듣는 사람, 아랫사람의 수용태도를 중시 하는 권위적인 생각이 자리 잡고 있기 때문이다.

'말대꾸하지 마라'와 비슷한 말로 '내 말에 토를 달지 말라'는 표현도 있다. '토를 달지 말라'는 원래 '어떤 말끝에 그 말에 대하여 덧붙여 말하다'는 뜻이지만 '자기가 하는 말에 딴소리를 하지 말고 그대로 들으라'는 의미로 더 많이 쓰인다. 혹시 어른이 틀리더라도 그대로 따라 하라는 것이다. 윗사람이 아랫사람에게 야단을 치거나 꾸중하는 상황에서 아랫사람의 말대꾸는 변명이나 핑계로 간주되는 경향이 많다. 때로는 야단맞는 원인 행위를 문제 삼는 것을 벗어나서 듣는 태도를 나무란다. 더 심한 경우에는 인간성까지 거론되는 경우도 있다. 상대방의 의견을 일시적으로 수용하여 체면을 세워주지 않을 경우, 자신의 권위에 도전한다고 여기기 때문에 화를 내거나 분노의 감정을 표출하는 것이다.

그래서 한국인들은 윗사람이나 어른들의 말이 설령 틀렸다고 하더라도 그 자리에서 직설적으로 그것이 잘못되었다고 지적하거나 거부하지 않는다. 부득이 어른들의 잘못을 지적해야 할 경우에는 우회적으로 표현한다. 보충이 필요한 부분이나 그와 다른 측면이 있음을 부각시킴으로써 결국 그 어른의 의견이 잘못되었음을 밝히는 방식이다.

정수복은 『한국인의 문화적 문법』(생각의 나무, 2007)에서 이처럼 윗사람의 말에 반발할 때 우회적으로 표현하는 현상을 삼강오륜으로 요약되는 유교의 인간관계론에 기반을 둔 갈등회피주의로 설명한다. 유교는 갈등, 대립, 마찰을 최소화하여 소리 없이 조용히 해결할 것을 가르친다. 그렇기 때문에 유교 문화권에서는 아랫사람이 윗사람에 대해 불만을 표시하거나 기존질서의 부당성에 문제를 제기하려할 때 윗사람에 대해 직접적으로 반대하고 저항하기보다는 우회하는 방식을 선호한다는 것이다.

"말대답 하지 마라", "어른이 말씀하시면 예 해야지", "엄마가 하라니까 잔소리 말고 해라", "따지지 마라" 등등 윗사람이 하는 말에는 토를 달지 않고, 그것이 틀렸다고 생각해도 윗사람의 체면과 권위를 생각해 반박하거나 질문하지 않고, 위에서 시키면 그냥 따라서 하는 상명하복의 문화가 아직도 한국사회에 강하게 남아 있다.

위계질서가 고착된 한국사회에서 자유로운 토론문화는 정착하기 어렵다. 토론하다 말이 안 되면 '나이도 어린 것이 건방지게'라고 일축하면 그만이다. 자기보다 어린사람이 입바른 말을 하면 '머리에 피도 안 마른 놈이 어디서 까불어', '혹은 나이도 어린 것이 무엇을 안다고' 등의 말로 일단 사람의 기를 죽인다. 상사의 의견에 반론을 제기하면 '대든다'고 정색을 하기 일쑤다.

이처럼 수직적인 한국사회의 가장 큰 문제점은 수평적 소통이 안 된다는 것이다. 토론, 대화, 논쟁이 대등하고 활발하게 이루어지지 못한다. 이러한 위계문화를 바꾸기 위한 노력의 일환으로 청와대 국민청원 게시판이 생겨났다. 이는 문재인 정부 들어 개설된 것으로 익명으로 누구나 참여가 가능하며 청원 30일 이내에 20만 명이 넘는 사람들이 청원을 지지하면, 정부가 공식 답변을 내놓는 방식이다. 하루 평균 600여 건의 청원이 쇄도할 만큼 국민의 열띤 참여가 이뤄지고 있는 가운데 국민과의 소통의 창구 역할을 해오고 있다. 지금까지 다양한 주제의 청원 글이 올라왔지만 그중 가장 뜨거운 열기를 보여준 것은 암호화폐 규제 반대 청원이었다. 폐쇄 반대청원이 2,000여건 쇄도하며 게시판이 온통 들끓었다.

박상기 법무부 장관이 2018년 1월11일 신년 기자간담회에서 비트코인 등 암호화폐 거래소 폐쇄 방침을 밝혔다. 박 장관은 "가상화폐 거래가 투기, 도박과 비슷한 양상으로 이뤄지고 있다. 어떤 상품 거래의 급등락과 비교했을 때 완전히 다른 차원으로 '김치 프리미엄'이 언론에 등장하는 것도 한국 거래가 비정상적이라는 해외의 평가가 내려진 것"이라며 "거래소 폐쇄 일정을 구체적으로 공개할 수는 없지만, 관련 부처와 합동으로 중간에 여러 대책이 마련돼 집행될 것"이라고 말했다.

'엄히 다스리겠다'는 법무부 장관의 '말씀'에 격분한 2030세대가 청와대 게시판을 습격했다. 청와대 국민청원 홈페이지에 '가상 화폐 규제 반대'라는 청원이 몰리며, 투자자 반발이 극심해지자 청와대가 나서 '가상 화폐 거래소 폐쇄를 위한 특별법은 추후 관계 부처와 협의를 통해 추진해 나갈 예정'이라며 한 발 뒤로 물러섰다.

'왜 기득권의 부동산 투기는 괜찮고 2030의 투기는 막느냐', '우리는 투기꾼이 아니라 국민이다. 우리가 투기꾼이라면 집을 사는 모든 사람도 투기꾼이고, 주식을 사는 모든 이들도 투기꾼'이냐며 조목조목 따지며 '말대꾸'를 해댔다. 일부 투자자는 항의집회를 예고하기도 했다. 한 온라인 커뮤니티에는 "대한민국이 공산국가냐. 아마추어 정권의 불법적인 암호화폐 규제 결사반대한다. 가즈아! 청와대로! 가즈아! 광화문으로!"라고 적힌 포스터가 등장하기도 했다.

암호 화폐 규제 반대 청원 중에서도 가장 동의가 많았던 것은 '정부는 국민들에게 단 한번이라도 행복한 꿈을 꾸게 해본 적 있습니까?'란 제목으로 시작된 청원이었다. 한 달 사이에 22만 명 이상이 동의했다. 이 글을 올린 청원자는 "투자라는 건 성공하든 실패하든 개인이 책임지는 게 맞다"면서 "무리한 투자로 피해를 보는 것은 암호화폐뿐만 아니라 주식이든 그 어떤 항목에도 해당되는 것"이라고 주장했다. 이어 "우리 국민들은 암호화폐로 인해 여태껏 대한민국에서 가져 보지 못한 행복한 꿈을 꿀 수 있었다"면서 "정부 당신들이 바라보는 세상과 우리 국민들이 바라보는 세상은 다르다. 당신들은 국민을 보호한다고 생각하지만, 국민은 정부가 우리의 꿈을 빼앗아 간다고 생각한다"고 적었다.

이 밖에도 '대한민국은 공산주의 국가가 아니다', '박상기 법무부 장관 해임하라', '박 장관의 가상화폐 발언은 과거 흥선대원군을 연상 시킨다', '자본주의 국가에서 국가의 시장 개입과 시세 조작을 규탄한다' 등 격한 내용의 청원 글도 잇따랐다. '가상화폐 거래소는 사이버 도박장이고 바다이야기의 재현이다. 꼭 폐쇄 부탁 한다'는 글을 비롯해 찬성 글도 일부 있었지만 상대적으로 그 수는 적었다.

최근 투자 열풍에 휩싸인 암호화폐를 바라보는 시각은 세대별로 극명히 엇갈린다. 투자를 선도하는 20~30대들은 암호화폐를 희망 없는 현실의 탈출구로 보고 있다. 취업난과 저소득으로 결혼과 내 집 마련이 요원한 청춘들의 희망이 되고 있는 것이다. 반면 주식이나 부동산과 같은 전통적인 투자에 익숙한 50대 이상 기성세대는 암호화폐 시장을 투기판, 심하게는 도박판이라고까지 비판하며 젊은 세대에 위험성을 경고한다. 법무부장관은 "가상 화폐는 가치 없는 돌덩이"라고 했다. 이처럼 암호화폐에 대한 시각차는 세대 간 논쟁으로 번지고 있다. 젊은이들은 더 이상 어른들의 말을 무조건 수용하고 받아들이지 않는다. '나이도 어린 것이 무엇을 안다고'라는 윽박지름은 더 이상 통하지 않는 시대가 되었다.

암호화폐 거래의 주축인 2030 세대와 기성세대는 암호화폐 시장의 가치와 전망에 대해 확연한 시각차를 보인다. 젊은 층은 암호화폐를 미래 기술에 대한 투자 대상으로 여긴다. 거품 논란도 꾸준히 나오지만 암호화폐가 블록체인 등 신기술에 기반하고 있는 만큼 성장 가능성이 있다고 판단하고 투자하는 청년들도 많다. 반면 부동산이나 주식 등 전통적 투자 자산에 익숙한 기성세대에선 암호화폐 시장을 '투기판'으로 보는 경향이 짙다. 부동산처럼 눈에 보이는 자산도 아니고 주식처럼 회사 가치에 투자를 하는 것도 아니기 때문에 실체가 없는 허상에 돈을 쏟아 붓고 있다고 생각한다.

'투기는 나쁘다'는 어른들의 훈계에 '아파트도 투기의 대상이지 않았냐'고 청년들은 맞받아친다. '왜 기득권의 부동산 투기는 괜찮고 2030의 투기는 막느냐', '돈은 노동이 아닌 투기로 벌어야 한다는 것을 기성세대가 만들어놓고, 2030대만 정직하고 성실하게 살라는 것이냐'고 항변하면 할 말이 없어진다.

"땀 흘려 성취하지 않고 일확천금을 꿈꾸는 철없는 요즘 젊은 것들"이라고 혀를 차면 "노동으로 언제 돈 버나. 부동산 투자 못하니 이거 한다"고 반발한다. 지금의 청년세대에게 열심히 노력하면 성공할 수 있다는 이야기는 전혀 위로가 되지 않는다. '공부 열심히 해서 좋은 대학 가면 좋은 직장 얻고 잘 된다'라는 것은 부모 세대의 성공공식 일뿐이라는 것을 깨달은지 이미 오래이기 때문이다.

청년들의 코인 구매 계기와 목적이 '돈벌이'를 위한 것은 분명해 보인다. 그렇지만 이러한 동기를 그저 사행심으로 치부할 수는 없다. 젊은 층 사이에서 팽배한 한탕주의 심리가 투기를 부추기고 있다는 전문가들의 분석도 있고, 일확천금을 위해 암호화폐에 발을 들인 것이 사실이라는 청년들의 솔직한 고백도 들린다. 어차피 취직도 안 되고 내 집 마련은 이루기 어려우니 돈 벌 방법이 있다면 뭐든 해보자는 심리가 청춘들을 비트코인으로 이끌고 있다. 하지만 한편에서는 1,500여 개에 달하는 코인 중 새로 뜨는 코인이 있으면 면밀히 연구하고 정보를 교환하며 가치 있는 투자 대상으로 바라보는 청년들도 있다. 이들에게 암호화폐는 가상이 아니라 간절한 소망이 담긴 절박한 현실이기 때문이다.

암호화폐의 근간이 되는 블록체인은 유망한 기술임에 틀림없으나 해당 기술체계를 유지하기 위해 도입된 암호화폐가 과도한 몸값을 갖게 됐고, 투자자인 청년들도 언제라도 거품이 꺼질 수 있다는 불안감을 느낀다. 그 거품이 순식간에 꺼질 수 있다는 것을 그들이라고 모를 리 없다. 하지만 암호화폐가 아니면 절망적인 삶을 타개할 방법이 없다고 생각하고 있다. 거품인줄 알면서도 많은 사람이 몰린다면 '투기'라 규정되어야 마땅하다. 하지만 기성세대는 온갖 투기로 먹고 살만해졌으면서, 2030세대가 비트코인에 열을 올리면 '투기는 나쁘다'고 정색을 하는 것은 확실히 앞뒤 맞지 않은 일이다.

지금 우리 사회는 나이가 많다고 무조건 아랫사람에게 존중받는 시대가 아니다. '나이' 하나만으로 젊은이들의 입을 다물게 할 수는 없다. 나이에 걸 맞는 행동을 해야 한다. '나잇값 좀 해라'는 나이에 값이 있다는 의미로 나이가 많으면 값이 올라간다는 의미로 해석이 가능하다. 하지만 요즘은 '나이를 먹으려면 곱게 먹어', '나잇살이나 먹은 게…' 하며 되레 제대로 못 늙었다고 다그친다. 흔히 '나이 값을 하라'는 말은 그 나이 대에 '해야 할 것'을 하라는 말이다. 청년 세대들이 왜 비트코인 투기에 내몰리게 되었는지에 대한 진지한 성찰 없이 그들을 무조건 투기 세력으로 모는 것은 기성세대가 나잇값을 못하는 것이다. 꼰대적 사고를 버려야 그들을 제대로 이해할 수 있다.

이에 대해서는 조한혜정 교수의 칼럼을 참고할 만하다. 조한혜정 교수는 〈비트코인 광풍과 88만원 세대〉(2018년 1월 23일)라는 칼럼에서 "비트코인 중심에는 온라인 게임에 익숙한 2030세대가 있고 이들의 꿈은 평범한 삶을 살기 위한 집과 연애와 결혼으로 부모가 했던 것처럼 투자를 제대로 해서 마지막 꿈을 이루어 보려는 것"이라고 밝혔다. 그러면서 "비트코인 담론이 제대로 된 청년지원 논의로, 자연스럽게 교육개혁과 기본소득 논의로 이어지기를 기대 한다"고 조언했다.

이럴 때일수록 윗사람들은 젊은 세대가 투기에 매달리게 된 이유를 고민하고, 이들이 자신의 노력에 대한 대가를 제대로 받으며 정상적인 방법으로 돈을 벌 수 있도록 지원하는 방안을 마련해야 할 것이다. "그때 강남 아파트 살 걸" 하는 아빠의 푸념을 듣고 자란 아이들이 지금 20대 30대가 되었다. 그들도 "아빠는 그때 왜 비트코인 안 샀어?" 하는 자식의 원망을 들을지도 모른다는 조바심을 느끼고 있다.

비트코인 투기 열풍은 한국 사회 젊은이들의 현실을 보여주는 창이다. 그 열풍의 이면에 깔린 청년들의 열패감과 욕망을 조금이라도 가늠해 볼 필요가 있다. 거래를 규제하고 거래소를 폐지하겠다는 정부의 정책은 '어쩌면 하고 싶은 일을 하고 살 수 있을지도 모른다', '어쩌면 집을 살 수도 있을 지도 모른다', '어쩌면…' 하는 그들의 실낱같은 희망마저 짓밟는 기성세대의 기득권으로 받아들여지고 있을 뿐이다. 우리의 젊은이들은 지금도 투자 목적뿐만 아니라 단순한 호기심과 새로운 기회 창출을 위해 수시로 거래소에 접속하고 있다. 가상화폐는 누군가에게 가상이 아니라 간절한 소망이 담긴 절박한 현실이기 때문이다.

흙수저와 비트코인

"안녕하세요. 파란색 대문 집에 새로 이사 온 영희인데요. 엄마가 떡 가져다 드리래요." "그래 잘 먹겠다고 전해드리렴. 잠깐 기다려봐. 요건 엄마 갖다드려"하며 내미는 접시에는 빨간 홍시가 담겨 있다. 이런 풍경은 1980년대 까지만 해도 너무나 익숙하게 보던 것이다. 이런 풍경들을 재현해서 그 시절로 추억여행을 떠나게 해준 드라마 '응답하라 1988'은 얼마 전 큰 인기몰이를 했다. 그때를 흔히 '이웃집 숟가락이 몇 개인지 다 알던 시절'이라 부른다. 불과 몇 십 년 전만 해도 동네에서 흔히 듣던 말이다. '숟가락이 몇 개인지 안다'는 말은 그 집안 사정을 자세히 알고 있다는 의미이다. 이웃과 얼마나 친한지를 나타내는 표현이기도 하지만, 옛날 농경사회에서는 '나'와 '너', '내 집'과 '네 집'의 구분이 없었음을 보여주는 표현이기도 하다. 그만큼 이웃 간 왕래도 잦고 가족처럼 지냈다는 뜻이다.

여기서 숟가락은 집안사정을 대표하는 말이다. 그 집의 식구가 몇 명인지 같이 식사할 만한 사람은 몇 명인지 다 안다는 것이고, 또한 부엌의 살림살이가 어떻게 되어 있는지도 서로 잘 알고 있다는 이야기도 된다. 무엇이 부족하고 무엇이 여유가 있는지에 대해서도 아는 가까운 사이라는 것이다. 옛날에는 이런 사이를 '이웃사촌'이라고 했다. '멀리 있는 사촌보다 가까운 이웃이 낫다'는 속담은 이를 두고 생겨난 말이다. 우리말에서 숟가락은 늘 특별한 의미가 있다. 죽음과 삶을 표현할 때도 숟가락을 사용한다. 아이가 태어나면 '밥숟가락 하나 늘었다'고 하며, '밥숟가락을 놓았다'는 것은 죽는다는 의미로 쓰인다. '비록 걸인일지라도 자신의 숟가락은 반드시 지닌다'고 전해질 만큼 한국인에게 있어 숟가락의 효용성은 절대적이었다.

이렇게 사람의 목숨을 상징하기도 하고, 이웃 간의 끈끈한 유대감을 나타내던 숟가락이 지금 우리 사회에서는 청년층을 중심으로 '금수저'와 흙수저'라는 신조어로 변질되어 유행하고 있다. 부모 재산에 따라 자식의 경제적 지위가 금·은·동·흙수저로 결정된다는 '수저 계급론'이 청소년과 젊은이 사이에서 폭넓은 공감대를 형성하고 있다. 금수저와 흙수저는 이미 과거부터 사람들 사이에서 종종 사용되던 관용 표현이었으나 지난 2015년 말, 본격적으로 사회를 풍자하는 말로 사용되며 수저계급론을 모르는 사람들이 없는 지경에 이르렀다.

'금수저'는 돈 많고 능력 있는 부모를 둔 사람을 가리키는 반면, '흙수저'는 돈도 배경도 변변찮아 기댈 데가 없는 사람들을 지칭한다. 기준 표에 의하면 자산 20억 원 또는 가구 연 수입 2억 원 이상일 경우 '금수저, 자산 10억 원 또는 가구 연 수입 1억 원 이상일 경우는 '은수저, 자산 5억 원 또는 가구 연 수입 5,500만 원 이상일 경우 '동수저'이다. '흙수저'는 자산 5,000만원 미만 또는 가구 연 수입 2,000만원 미만을 말한다고 한다. 노력보다는 부모의 배경에 따라 장래가 결정된다는, 젊은 이들의 절망적인 현실 인식에서 만들어진 표현이다.

숟가락 계급론은 영어 관용 표현인 'Born with a silver spoon in one's mouth(입에 은수저를 물고 태어나다)'에서부터 비롯되었다는 것이 정설이다. 이 표현은 "부잣집에서 태어나다" 혹은 "많은 유리한 점을 갖고 태어나다"와 같은 뜻을 지닌 것으로 여기서 등장하는 '은수저'가 수저계급론의 어원이다. 'spoon'의 어원은 'spon'으로 길고 평평한 나무 조각이라는 뜻이다. 과거 사람들에게 숟가락의 재질은 나무이거나 값싼 금속이었을 것이다. 그러나 일부 상위 계층은 그들의 부와 명예를 뽐내기 위해 은으로 된 수저를 사용했고 이에 따라 은수저라는 관용 표현이 나타난 것으로 보인다. 이를 차용하여 우리나라에서는 처음 '은수저'라는 말이 집안 좋은 이들을 지칭할 때 사용하다가 은보다 금이 더 가치가 높다는 데서 곧 '금수저'란 말로 대체되었다. 이어서 '금수저'에 대비하여 부모로부터 물려받을 것이 아무것도 없는 사람들을 가리키는 용어로 '흙수저'라는 말이 추가로 만들어진 것이다. 바다를 건너온 이 전통적 영어 관용구가 문화권도 다른 우리 사회에서 갑자기 이만큼 폭발력을 지니게 되었던 것은 우리문화에서의 숟가락의 중요성 때문 일 것이다.

수저 계급론은 청년실업, 부익부 빈익빈 등의 각종 사회 문제와 맞물리면서 3포 세대(연애·결혼·출산 세 가지를 포기한 세대를 일컫는 신조어)', '헬 조선(지옥과 조선의 합성어로 '한국은 지옥에 가깝고 전혀 희망이 없는 사회'라는 의미의 신조어)'과 연관되면서 폭넓게 확산되었다. 21세기를 살고 있는 우리 젊은이들이 우리의 식사도구인 숟가락을 가져와 수저론을 만든 데는 이유가 있다. 그만큼 먹고사는 걱정으로 고달프고 힘겨운 청춘을 보내고 있다는 말이다.

하지만 기성세대들은 젊은이들이 외치는 '수저론'과 '헬 조선'을 제대로 이해하지 못하고 있다. 지난날 경제 호황기에 쉽게 취업해서 월급 또박또박 받아 저축하고 부동산 투기로 돈을 벌어 성공한 이들은 현재의 청년들을 '나약한 젊은 녀석들', '노력하지 않는 녀석들', '그 정도의 어려움도 극복하지 못하는 녀석들'이라 꾸짖는다. 또한 '열심히 노력하면 불가능하다고 생각되는 것도 이룰 수 있다', '하늘이 감동할 만큼 노력해 보았느냐'라고 멘토질을 해댄다. 이에 젊은이들은 대답한다. "아무리 노력해도 바뀌는 건 아무 것도 없어요!" 문제의 원인이 사회구조에 있음에도 젊은이들에게 더 많은 노력만을 요구한다며 '노오력(노력보다 더 큰 노력을 뜻하는 역설적 표현)'이라는 신조어로 불만을 털어 놓는다.

"느그 아부지 뭐 하시노?" 영화 〈친구〉(감독 곽경택, 2001)속 담임 선생님 역할을 맡은 김광규의 유명한 대사다. 영화의 시대적 배경은 1970년대 중반, 부모의 학력이 높고 직업이 좋을수록, 촌지를 많이 줄수록 그 학생에 대한 대우는 좋아지는 반면 그렇지 않은 학생에 대한 차별이 당연한 시대였다. 이 영화의 시대적 배경이 된 1970년대 중반에서 1980년대 초에는 학교마다 학생들을 통해 각 가정의 재산 상황과 생활환경 등을 조사했다. 전화기는 있는지, 피아노·텔레비전·냉장고 등은 있는지, 당시엔 흔하지 않은 자동차 보유 여부까지 물었다. 그로부터 약 40년이 지난 지금 형태는 달라졌지만 세상은 여전히 우리에게 질문을 던지고 있다. '너희 아버지는 무슨 일을 하시냐', ' 너희 아버지는 얼마나 버시느냐'고. 입시, 취직, 결혼 등 삶의 주요 순간마다 피할 수 없는 질문이다.

하지만 농사짓는 아버지를 둔 자식들도 70~80년대 산업화의 바람을 타고 개천에서 용 나듯 각계각층에서 나름대로 성공하고 출세하며 살아왔으나, 요즘 한국 사회에서는 개천에서 용이 날 수 없는 구조가 되었다. 어느 시절에나 차별과 불합리는 분명 있었지만 역사상 계층 간 이동이 요즘처럼 어려운 적은 없었다는 것이 청년들의 항변이다.

이러한 사실을 실증적으로 뒷받침해주는 연구결과도 여럿 나왔다. 2016년 1월 한국보건사회연구원에서 작성한 〈사회통합 실태진단 및 대응방안 Ⅱ〉보고서(여유진, 한국보건사회연구원, 2016)에 따르면 아버지세대의 경제·사회적 지위가 자녀에게도 대물림되는 현상은 최근으로 올수록 더욱 뚜렷해진다고 한다. 연구진은 '1990년대 이후 심화된 불평등과 줄어든 사회이동은 사회에 대한 신뢰수준을 낮춰 우리 사회의 지속 가능한 성장에 적신호로 작용할 것'이라며 '기회의 불평등을 해소하기 위한 다양한 교육 정책적 개입과 노동시장의 양극화된 분

배 구조 등 불평등을 줄이기 위한 노력도 필요하다'고 제언하고 있다. 따라서 지금 우리 사회에서 '복중의 복은 부모를 잘 만난 복'이라는 말을 부정할 수 있는 사람은 거의 없다.

아무리 노력해도 권력, 힘, 배경이 좋은 사람들에게 뒤쳐지는 불공정한 사회에 의문을 품고 있는 2030세대는 지금 비트코인 등락지수를 밤낮 가리지 않고 지켜보며 흙수저 탈출을 모색 중이다. '수저 색깔을 바꿀 수 있는 마지막 기회!' 청년세대가 암호화폐를 일컫는 말이다. 정부가 이를 규제하겠다고 나서자 급기야 세대 문제로 비화되기도 했다.

청년들이 대다수를 차지하는 암호화폐 투자자들은 지금 대한민국에서 코인판(암호화폐 시장)만큼 공정한 게 어디 있느냐고 주장한다. 그곳에서는 아버지가 누구이며 배경이 누군지 안 묻는다는 것이다. 신분제가 공고한 사회에서 투자로 버는 암호화폐 시장이 오히려 공정하다고도 한다. 또한 암호화폐는 부동산 투기나 주식 투자처럼 땅이나 기업에 대한 정보가 없어도, 거액의 자본금이 없어도 문제가 되지 않는, 흙수저도 진입장벽 없이 참여할 수 있는 공정한 투자라 생각하고 있다. 부동산과 주식 투자는 큰 규모의 초기 자본이 필요하다. 소액으로도 투자가 가능하다는 점은 흙수저들이 암호화폐 투자에 쉽게 뛰어들 수 있는 요소로 꼽힌다. 비트코인의 경우 최소 거래액은 1코인이 아닌 0.0001코인이다. 원화로 약 900원 수준이다. 젊은이들에게 부동산은 너무 비싸 감히 쳐다볼 수 없지만, 암호화폐는 기술적으로 분할이 가능하여 커피 한잔 값으로도 투자할 수 있다. 암호화폐 거래소들도 "지하철 요금이나 컵라면 값으로도 투자할 수 있다"라는 문구를 내걸고 광고하고 있다.

비트코인 광풍은 정부가 내놓은 여러 대책으로 점차 진정되고 있다. 투기의 증거로 거론되던 '김치프리미엄'도 이제는 거의 사라졌다. 하지만 지금과 같이 양극화를 비롯한 사회적인 문제를 해결하지 않는다면 제2, 제3의 비트코인 사태가 다시 나타날 가능성이 높다. 현재 우리나라에서 일어나고 있는 비트코인 신드롬은 단순히 일확천금을 노린 일부 투기꾼들의 극성 때문이 아니라 사회적 계층상승 욕구와 맞물린 이상 현상이라 보아야 할 것이다. 즉 우리나라에서 벌어지고 있는 현상의 본질은 비트코인 투기가 아니고 2030세대에게 희망이 없는 우리 사회 그 자체이다.

2018년의 대한민국은 계급이 고착화되었고 부의 재분배가 아주 힘든 일이 되었다. 계층 간 이동은 불가능해졌고 부는 세습되고 있다. 스스로를 흙수저라 자조하는 젊은이들이 희망을 잃고 코인판을 서성이며 노력이 아니라 행운에 기댈 수밖에 없는 것이 우리 사회의 단면이라면 우리 사회가 건강하지 못하다는 증거이다. 젊은이들에게 다양한 기회가 열려 있는 나라에서는 코인으로 부를 축적한 젊은 부자들이 많이 생겨나는 중이다. 이더리움 블록체인 창시자 비탈릭 부테린Vitalik Buterin은 그의 나이 19살 때인 2014년 지불 및 결제 등 금융에도 사용할 수 있는 이더리움Ethereum을 개발하고 수조원대 부자가 됐다. 우리나라 젊은이들 중에는 부테린의 사진을 걸어놓고 신처럼 떠받드는 사람도 있다고 한다. '내 삶에 구원을 줬다'는 의미라 한다.

미국에 사는 에릭 핀만Erik Finman은 올해 18세 소년이다. 그는 현재 비트코인 401개를 보유하고 있다. 2018년 6월 현재 비트코인이 6,000달러 선에 거래되고 있으므로 그는 240만 달러어치의 비트코인을 보유하고 있는 셈이다. 240만 달러면 우리 돈으로 약 25억 원이다. 그는 12세 때 할머니로부터 1,000달러를 선물로 받았다. 이 돈을 모두 비트코인을 사는 데 투자했고 지금까지 보유하고 있다. 그동안 비트코인 가격이 계속 올라 그는 10대에 비트코인 백만장자가 된 것이다. 이 자금력을 바탕으로 새로운 암호화폐를 만들고 싶다는 포부를 밝히고 있다.(동아일보, 2018년 1월 18일) 에릭은 미국의 경제전문 매체인 CNBC를 통해 암호화폐는 "우리 세대에서 나왔던 것 중 가장 큰 '부의 이동'을 상징한다"며 "젊은 층이 경제적 계급을 이토록 빨리 이동시킬 수 있는 방법은 이전에 없었다"고 말했다.

정부가 지원을 해주지는 못할망정 청년들의 기회를 가로막고 있는 것이 바로 ICO^{Initial Coin Offering} 금지다. 청년들이 창업자금을 모으려 할 때 백서 한 장 들고 ICO를 하면 투자자금이 모이고, 그 기술을 지지하는 고객이 확보된다. ICO는 IPO^{Initial Public Offering, 기업공개}와 유사한 기업의 자금 모집 방식이다. 블록체인 기반의 프로젝트를 위한 투자금을 모집하는 방법인데, 일반 벤처투자같이 회사 지분을 판매하거나 주식시장에 상장하는 것이 아니라, 이 프로젝트가 발행하는 암호화폐를 얼리어답터와 초기 지지자들한테 판매한다. ICO를 통한 투자금은 주로 비트코인이나 이더리움으로 받는데, 프로젝트를 시작하기 위한 개발비용으로 사용되며, 투자자들은 이 프로젝트의 '주주'가 되는 것이다. 청년들이 도덕적 해이에 빠지지만 않으면 얼마든지 꿈을 이룰 수 있다. 청년이 백서 한 장 내고 한국의 중소벤처기업부에서 수백억 원의 창업자금을 지원받는다는 것은 상상할 수 없다.

'시저지탄'匙箸之歎, 수저 색깔을 한탄한다는 신조어가 2015년의 키워드로 선정되었다. 여기에는 절망에 빠진 청년세대 그리고 그것을 노력과 열정 부족이라는 개인의 무능으로 돌리는 기성세대의 몰이해가 있었다. 열심히만 하면 된다고 조언하는 것은 청년들에게 도움도, 위로도 되지 않는다. 비트코인이 선량한 젊은이들을 유혹하는 투기의 원흉으로 사회적 지탄을 받고 있지만, 이와 달리 젊은이들이 경제적 계급을 이동시킬 수 있는 가장 빠른 방법으로 인식하고 있는 사람들도 있다. 하지만 지금 현역 국회의원 300명중에 혼자 힘으로 비트 코인을 살 수 있는 사람은 단 한명도 없을 것이다. 이런 사람들에게 젊은이들의 고민을 해결할 수 있는 법안을 제정하기를 기대하기란 어렵다. 기성세대들은 새로운 것이 등장하면 '나에게 낯설다', '나는 이해 못하겠다'가 아니라 '나쁜 것'이나 '불필요한 것'이라고 보기 마련이다.

하지만, 기성세대에게도 숟가락은 필요한 것이다. 밥과 국을 맛있게 먹기 위한 가장 중요한 식사도구이기에 한국인에게는 절대적이다. 그들에게 생활필수품인 숟가락이 청년세대에게는 차별과 분노의 상징이 되어서는 안 된다. 『블록체인 혁명 Blockchain Revolution』(돈 탭스콧, 알렉스 탭스콧 지음, 박지훈 옮김, 2017) 저자인 돈 탭스콧Don Tapscott 주장과 같이 비트코인의 기반이 되는 블록체인을 금전 투기를 부추기는 기술로만 보지 말고, 차세대 인터넷을 창조하며 기업의 체질을 바꾸고, 제도를 변경하고, 문명을 더 나은 방향으로 개선하는 핵심 기술로 바라

볼 필요가 있다. 이 기술을 어떻게 활용하느냐에 따라 계층을 넘어서는 사다리가 될 수도, 사람들을 파멸시키는 해로운 흉기가 될 수도 있을 것이다.

사과상자와
비트코인

돈을 천하게 여기는 유교적 전통은 오래도록 우리사회를 지배해왔다. 조선의 양반사회에서 선비들은 돈을 몰라야 했다. 제 손으로 돈을 만져서도 안 되고 시장에 나가 물건 값을 물어봐서도 안 되었다. 그래서 노비로 하여금 대신 지니게 하거나 부득이한 경우에는 젓가락으로 집어 건넸고, 그조차 어려울 때에는 왼손으로 만졌다. '소매치기'라는 말이 생긴 것도 사대부들이 왼손으로 만지기 쉽게 돈을 오른쪽 소맷자락에 넣고 다녔기 때문이라고 한다.

돈을 봉투에 넣어 주는 전통은 우리에게 내려온 선비정신에서 기인한다. 옛 선비는 돈을 만지지 않는 것을 미덕으로 알았기에 돈이 직접 손에 닿지 않도록 기생에게 화대를 줄 때도 접시에 담아 주었고, 남에게 돈을 전달할 때도 봉투에 담아 주었다. 그러다 보니 '돈을 준다'고 하지 않고 '봉투를 준다'고 한 것이다. 이런 연유로 우리나라 사람들은 실제로는 돈을 좋아하면서도 드러내기를 꺼려하는 모순된 태도를 보여 왔다. 그 결과 돈은 후미진 곳에서만 유통되었고 어두운 곳에서 검은 돈이 자라났다.

검은 돈의 대명사는 촌지이다. 촌지寸志를 그대로 직역 하면 '손가락 마디만 한 뜻'이다. 곧 아주 작은 정성이나 마음의 표시를 뜻한다. 하지만 지금은 촌지의 의미가 변질되어 누군가에게 잘 보이기 위해 뇌물로 주는 금품의 의미가 되었다. 남몰래 건네주는 돈의 봉투 겉에는 촌지寸志라고 썼다. 촌지와 비슷한 말로 보내준 마음에 작게 보답한다는 미의微意, 작은 성의라는 미성微誠도 같은 뜻이다. 비슷한 어휘가 20개 정도 있으니 한국의 뇌물문화는 그 역사가 아주 깊다고 할 수 있다.

조선시대 양반들은 부정한 것을 보거나 들었을 때 눈과 귀를 씻어내는 버릇이 있었다. 못 볼 걸 보면 눈을 씻고, 못 들을 걸 들으면 귀를 씻었다. 범죄자들이 마음을 고쳐먹었다고 할 때 "나 이제 손 씻었다"고 하는 것도 다 그런 의미다. 이런 생각에 지배를 당하다 보니 돈도 정신을 오염시키는 것으로 생각했다. 그래서 부정한 돈과 접촉하는 것을 막기 위해 봉투에 넣어 주고받은 것이다. 돈을 기피하느라 봉투에 넣은 것이 이어져 오늘날의 기부금, 부조금, 금일봉도 반드시 봉투에 담아 전달한다.

검은 돈을 전달하는 데는 돈 봉투 못지않게 돈 상자도 애용되었다. 대개 사과 상자였다. 인터넷 검색창에서 '사과상자'를 치면 '사과를 담는 골판지 상자'라는 뜻풀이 외에 '은밀하게 돈을 주고받는 운반용 도구의 대명사'라는 설명이 따라 붙는다. 사과상자를 마치 뇌물상자인 양 여기게 된 것은 1993년 금융실명제 도입 이후다. 출처와 경로 추적이 가능한 수표는 뇌물수단으로서 가치가 사라지고 1만 원 권 현찰이 각광받기 시작했는데, 남들 주의를 끌지 않고 담아서 운반하기에 편리해서였다. 라면상자도 가끔 이용되기는 했지만 효용성 면에서 사과상자에 미치지 못했다. 한때 홍콩 무역시장에서 겉과 속이 다른 사기성 상품을 가리키는 '코리안 애플박스'라는 신조어까지 생겨났다고 한다. 우리나라에서 뇌물사건이 터질 때마다 사과상자가 등장했으니 그럴 만도 하다. 현금을 가득 채우고 표면만 사과로 덮은 특별한 사과상자는 한때 심심찮게 외국 언론에 오르내리곤 했었다.

돈 봉투와 돈 상자의 내용물도 현금이나 자기앞수표에서 고

액 상품권이나 달러, 5만 원 권 등으로 바뀌었고, 경제규모가 확대되면서 액수도 커졌다. 현금을 케이크나 과일 상자에 넣어 전달하거나 쇼핑백에 넣어 전달하기도 했다. 규모가 큰 경우에는 아예 차로 실어 나르기도 해 '차떼기'라는 신조어를 낳기도 했다. 그런가 하면 뇌물의 내용물도 현금뿐 아니라 골프채, 밍크코트, 명품 핸드백과 시계, 주식이나 고급 승용차로 다양하게 변해왔다.

디지털 사회를 맞아 뇌물수수도 첨단화의 길을 걷고 있다. 촌지 근절대책이 내려져 드러내놓고 현금이나 상품권을 주고받는 것이 어려워지자 선생님에게 휴대전화를 이용해 모바일 상품권이나 모바일 선불카드를 보내는 학부모가 많이 생겨났다고 한다. 받는 입장에서도 거추장스러운 것이 없어 모바일 상품권이나 기프티콘(온라인에서 상품을 결제하고 오프라인 상점에서 해당 품목을 교환하는 쿠폰)은 학부모들이 선호하는 선물 품목이다. 현금과 동일시하는 종이 상품권과 달리 모바일 상품권 등은 상대적으로 보내기도 쉽고 촌지라는 생각도 덜 들어서라 한다.

요즘 새롭게 주목받고 있는 뇌물의 형태가 있다. 바로 비트코인이다. 비트코인으로 뇌물을 제공할 경우 사과상자나 봉투에 담아 현금을 전달하는 것과 동일한 효과를 거둘 수 있다. 비트코인의 익명성 때문에 주고받은 거래기록이 남지 않기 때문이다. 스마트폰으로 비트코인을 보내면 아주 간단하게 소액부터 거액까지 뇌물을 전달할 수 있다.

실제 사례도 밝혀진 바 있다. 빗썸·코인원·업비트 등 국내 주요 암호화폐 거래소에서 일반적으로 거래가 이뤄지는 비트코인이 아니라, 국내에서는 거래가 불가능할 정도로 알려지지 않은 '알트코인(비트코인을 제외한 모든 암호화폐를 일컫는 용어)'을 뇌물로 주고받고 있다고 한다. 또한 뇌물로 수사를 받을 것에 대비해 국내 암호화폐 거래소가 아니라 해외 거래소에서 주고받는다고 한다. '미국이나 일본, 혹은 그 외 제3의 국가에 설립된 암호화폐 거래소에서 뇌물을 주고받을 경우 수사가 불가능에 가까워 완벽한 뇌물이 될 수 있다'는 것이 사이버수사팀의 의견이다. 현금화 과정에서 해외에 페이퍼 컴퍼니를 만든다거나, 제3자를 거칠 경우 범인을 잡는 것은 불가능하다고 한다.

화폐를 발행하고 관리하는 기관이 없다는 것, 거래의 익명성을 보장하고 거래 수수료도 없다는 비트코인의 특징이 약점으로 작용해 범죄에 사용되고 있는 것이다. 범죄자들이 비트코인에 주목한 가장 큰 이유는 '익명성' 때문이다. 인터넷 기반으로 개인 대 개인P2P 거래로 이뤄지는 비트코인은 계좌 추적이 어렵다. 계좌, 즉 '비트코인 지갑'을 개설할 때 주민등록번호나 실명 등 별다른 개인정보를 입력하지 않기 때문이다. 단지 지갑마다 고유번호가 있을 뿐이다. 범죄는 돈이 오가는 과정에서 경찰이 사건을 알아채 범인을 붙잡는 경우가 많지만 비트코인은 거래 과정에서 익명성이 보장돼 범죄자들이 악용하는 것이다.

또한 빠르게 결제할 수 있다는 점도 범죄자들이 노리는 장점이다. 비트코인은 계좌 개설이 쉽고 빠르며 얼마든지 새롭게 생성할 수 있다. 그리고 국가를 뛰어넘어 환전 없이 신속하게 결제가 이루어진다. 이렇게 거래 속도가 빠르다 보니 부정하게 사용될 때 수사팀이 신속하게 대처할 수 없다. 검은 돈이 흘러 다니기 좋은 유통구조이다.

은행관계자들은 비트코인이 화폐로서의 신뢰를 잃었고 신뢰성 없는 화폐는 금융의 도구로 사용할 수 없다며 비트코인에 거리를 두려는 자세를 보이고 있다. 그 배경에는 비트코인의 신뢰성에 손상을 입히는 몇몇 사건이 있었기 때문이다.『애프터 비트코인』(21세기북스, 2018)의 저자 나카지마 마사시는 지금까지 대부분의 책들이 비트코인의 '빛과 그림자' 가운데 미화된 '빛' 부분만 조명하였지만 비트코인의 '그림자' 부분에 관해서도 설명하고 분석할 것이라면서 비트코인의 신뢰성에 타격을 준 여러 사건들을 소개하고 있다.

첫 번째 사건은 실크로드 사건이다. 실크로드는 불법 약물 거래 사이트로서 유일한 결제 수단은 비트코인이었다. 2013년 FBI연방 수사국가 실크로드의 운영자를 체포하고 사이트를 폐쇄했다. 하지만 이 사건을 계기로 비트코인은 불법 거래에 사용되는 것이라는 부정적 인식이 자리 잡게 되었다. 은행관계자들이 '비트코인은 끝났다', '비트코인은 쓸모없다'고 말하는 이유는 여기에서 비롯되었다. 게다가 실크로드가 폐쇄된 이후에도 실크로드 2.0이라는 실크로드를 모방한 일련의 암거래 사이트가 여러 개 개설되어 FBI와 숨바꼭질이 이어지고 있다. 불법약물을 비트코인으로 거래한다는 비즈니스 모델이 확립된 셈이다.

두 번째는 2014년 발생한 마운트 곡스Mt. Gox 파산 사건이다. 일본 최대 비트코인 거래소였던 마운트 곡스는 고객이 맡겨둔 75만 비트코인과 회사 재산 10만 비트코인, 모두 합쳐 85만 비트코인을 해킹으로 잃어버렸다며 일본 법원에 파산을 신청했다. 처음에는 해커들에 의한 비트코인 탈취 사건으로 알려졌으나 일각에선 CEO인 카펠레스가 고객 돈을 노리고 자작극을 벌인 것일 수도 있다는 주장이 제기되기도 했다. 일본 검찰은 마운트 곡스가 해킹 때문에 파산한 것이 아니라 내부 정보

조작을 통해 돈을 빼돌린 정황이 있다고 보고 카펠레스를 횡령 혐의로 기소했으며, 현재 재판이 진행 중이다.

세 번째는 비트코인을 요구하며 데이터를 인질로 삼는 랜섬웨어 사건이 있다. 랜섬웨어는 '몸값'을 뜻하는 랜섬^{ransom}과 소프트웨어^{software}의 합성어다. 파일을 암호화 해 파일을 사용할 수 없게 만든 후 암호를 풀어주는 대가로 금품을 요구하는 악성코드 프로그램으로 악성코드 역사상 최초로 '돈 버는 바이러스'라고 불린다. 랜섬웨어는 20년 이상 됐으나, 파일 및 데이터를 인질로 잡고 금전을 요구하는 공격은 2005년부터 본격화되기 시작했다. 랜섬웨어 해킹조직은 암호해제 조건으로 과거에는 현금을 요구했으나 2013년부터는 비트코인을 요구하고 있다. 이는 비트코인 사용자가 익명이고 전문 거래소를 통해 특별한 가입 절차 없이 구입, 유통이 가능하며 다른 국가에서도 현금처럼 사용할 수 있다는 장점이 있기 때문이다. 비트코인은 검은 돈으로 사용되는 경우가 많고, 익명성 및 광역성 때문에 실제 추적이 불가능한 것으로 알려져 있다. "7일 이내로 돈을 내지 않으면 파일을 영구적으로 복구할 수 없게 하겠다. 비트코인을 아래 계좌로 보내라." "미개봉 영화를 해킹했다. 비트코인을 주지 않으면 인터넷에 유출하겠다." 은행, 호텔, 영화사 등 기업 종류를 막론하고 '정보 인질' 몸값으로 비트코인이 등장하고 있는 것이다. 이런 일련의 사건을 겪으면서 비트코인은 신뢰성에 큰 타격을 입었다. 비트코인에 대한 부정적 인식이 확산되었고 신뢰성 또한 저하되었다.

우리나라에서도 해킹 사고가 빈번하게 일어나고 있다. 2017년 말 국내 1위 암호 화폐거래소인 빗썸에서 서버 점검 등을 이유로 모든 서비스를 일시 중지하면서 투자자들은 엄청난 손해를 입었다. 2017년 12월에는 유빗이 해킹 공격으로 170억 원 상당의 암호화폐가 유출되는 피해를 입어 파산했다. 2018년 6월 20일에는 빗썸이 해킹으로 350억 원 상당의 암호화폐를 도난당했다.

뿐만 아니라 돈세탁 용도로도 비트코인을 구매하려는 사람도 많다고 한다. 국내 암호화폐 거래소 '코인원'도 비트코인 돈세탁 경고에 나섰다. 한때 코인원 홈페이지에 접속하면 '암호화폐 거래소를 이용한다 하더라도 자금 세탁은 불가능함을 알려 드립니다'라는 팝업창이 뜬 적이 있다. 코인원 관계자는 "암호화폐 시장이 급격히 성장하면서 비트코인으로 자금세탁이 가능한지에 대한 문의까지 늘었다"며 "현금화가 이뤄지는 계좌는 모두 실명 인증을 거치는 만큼 신원 추적이 어렵지 않다는 사실을 명심해야 한다"고 전했다.

자유롭게 물건을 살 수 있고 돈을 전 세계에 실시간으로 보낼 수 있다는 비트코인의 혁명적인 발상에 사람들은 놀라워했다. 화폐 역사상 대혁명으로 일컬어졌고, 인터넷상의 가상화폐가 사회 혁명을 일으킬지도 모른다고 평가하기도 했다. 하지만 비트코인의 남다른 속성 즉 분산화, 익명성 등에 먼저 눈을 뜬 것은 지하경제였다. 거래가 익명으로 이뤄진다는 특징 때문에 뇌물 수수, 마약 거래 등 국경을 넘나드는 범죄에 비트코인이 악용되는 사례가 생겨났다. 컴퓨터를 기반으로 했다는 점에서 해커의 공격에서 자유로울 수 없고 범죄 등 돈세탁에 악용될 가능성이 있다.

비트코인이 한국에서 인기가 많은 이유 중 하나는 검은돈을 숨기는 용도로 사용되기 때문이라는 분석도 나오고 있다. 우리나라에서는 시중에 풀린 5만 원 권의 환수 율이 60%가 채 안 된다고 한다. 탈세나 돈세탁 수요가 그만큼 많다는 뜻이다. 이런 환경에서 비트코인은 뇌물 대체제로 이용될 가능성이 아주 높다. 물건을 사는 용도가 아니라 돈세탁을 하는데 사용하거나 뇌물을 주는 용도로 사용하기 위해 비트코인을 구매하는 사람도 많을 것이다.

'부정 청탁 및 금품 등 수수의 금지에 관한 법률' 속칭 김영란 법이 2016년 9월28일 발효되었다. 매스컴들은 이 법 시행으로 인해 바뀐 세상을 너 나 없이 크게 전하고 있다. 하지만 정부의 뇌물 근절대책을 비웃기라도 하듯 뇌물은 진화를 거듭하며 더욱 은밀하게, 더욱 깊숙하게 우리 사회를 맴돌고 있다.

돈가스와
사토시 나카모토

비트코인의 개발자는 사토시 나카모토$^{Satoshi\ Nakamoto}$로 알려져 있다. 비트코인은 2008년 10월 31일에 발표된 〈Bitcoin: A peer-to-peer electronic cash system〉 논문에서 시작되었다. 암호기술을 활용해 비트코인이라는 전자화폐 네트워크를 만들자는 일종의 제안서였다. 내용을 간단히 요약하면 '금융기관이 제공하는 신뢰기반에 의지하지 않고 개인과 개인이 직접 돈을 주고받을 수 있는 온라인 지급결제 시스템을 만들자'라는 것이다. 국가가 화폐발행권을 독점하고 금융기관이 제공하는 신뢰기반에 의지하는 기존 금융시스템을 벗어나 보자는 취지였다. 그리고 이런 취지에 동조하는 이들이 늘어나면서 비트코인 네트워크가 형성됐고 리플, 이더리움 같은 또 다른 암호화폐들도 속속 등장했다.

초창기에는 논문의 이름에 나온 '사토시 나카모토'라는 이름만으로 그가 일본사람이라고 추측했으나 정체가 밝혀지지 않아 궁금증은 더해만 갔다. 2016년 오스트레일리아의 컴퓨터 프로그래머 겸 기업가인 크레이그 스티븐 라이트^{Craig Steven Wright}가 본인이 비트코인을 개발한 사토시 나카모토라고 주장했으나, 명확한 기술적 증명을 보여주지 않은 상태에서 그가 진짜 나카모토인지 알 수 없다는 의견도 많아 사실 여부를 두고 아직 논란 중이다.

설령 비트코인 개발자가 일본인이 아니라 할지라도 일본은 비트코인과 암호화폐^{crypto currency} 분야에서 세계의 중심지가 되어 있다. 일본에서는 우리나라와는 달리 암호화폐 도입에 정부가 더 적극적이다. 일본은 암호화폐를 공식적인 지급결제 수단으로 인정하고, 대형 은행들이 앞 다퉈 암호화폐 발행에 나서는 등 공격적으로 암호화폐를 받아들이고 있다. 특히 2020년 하계 올림픽을 앞두고 일본 정부는 비트코인 사용 활성화를 도모하고 있다. 2018년 평창 동계 올림픽이 5G^{5세대 이동통신}의 전초전이었다면 2020년 도쿄 올림픽은 암호화폐 상용화가 본격화하는 신호탄이 될 것이다.

우선 일본정부는 자금 결제법을 개정해 암호화폐를 정식 결제 수단으로 인정했다. 2017년 4월에 개정한 자금 결제법에 따르면 암호화폐 거래를 위해서는 '암호화폐 교환 사업자' 등록이 필요하다. 재무 상황이나 고객 자산관리체제를 조사해 재무국이 등록을 승인한다. 이러한 등록제 실시로 결제수단으로서의 가상통화의 안정성이 높아질 전망이다. 일본 암호화폐 사업협회에 따르면 현재 16개 업체가 등록을 준비 중인 것으로 알려지고 있다. 아울러 2017년 7월부터는 암호화폐 구입 시 부과되는 소비세가 폐지되었다.

일본에서는 현재 비트코인으로 결제가 가능한 점포가 5천 개 안팎에 불과하지만 올해 말까지 비트코인 가맹 수는 20만 개를 넘어설 것으로 추정되고 있다. 일본을 방문해 보면 비트코인으로 결제하는 점포를 의외로 쉽게 찾아 볼 수 있다. 이처럼 일본 정부는 2020년 올림픽 개최를 앞두고 관련 제도 정비에 박차를 가하고 있다. 이로 인해 비트코인이 지급 결제 수단으로서의 이용확대에 대한 기대감이 커지면서 수요가 증가하고 있다.(『한권으로 끝내는 비트코인 혁명』, 한대훈, 메이트북스, 2018)

일본은 선진국가운데 가장 먼저 비트코인을 결제 수단 및 통화로 인정했다. 와타나베 부인이라 불리는 일본의 투자자들은 암호화폐 투자로 수익을 올리고 있다. 가상통화 소녀라는 걸 그룹이 데뷔하고 주요 거래소들은 CF를 방영하는 등 TV에서도 손쉽게 암호화폐를 접할 수 있다. 『한권으로 끝내는 비트코인 혁명』의 저자 한대훈은 주요국들이 합법화와 규제 사이에서 고민하며 시간을 지체하는 사이에 일본은 이미 세계 최대의 암호화폐 시장으로 자리매김하고 있다면서 당분간 비트코인 시장에서 일본의 목소리는 더욱 높아질 것이라고 전망하고 있다.

이처럼 일본은 암호화폐를 제도권에 편입시키며 유연하게 대처하고 있다. 그 '유연성'의 근원을 일본의 전통 속에서 추적해 볼 수 있다. 일본은 동아시아 국가 중 외국의 문물을 가장 빨리 받아들인 국가였다. 16세기에는 서양으로부터 재빨리 새로운 문물과 무기를 받아들여 대륙침략의 야망을 꿈꾸며 조선을 초토화시켰다. 19세기에는 우리가 쇄국정책으로 변화를 거부할 때 메이지유신으로 과감한 개혁을 함으로써 조선을 강제병합하고 아시아의 강국으로 떠올랐다. 이처럼 일본이 서양문물을 신속하게 수용하여 동양의 강자로 부상했다는 것은 부정할 수 없는 사실이다.

'일본의 정신을 살리되 서양의 재주는 이용하자'는 '화혼양재'和魂洋才는 20세기 초 문명국가로 발돋움하던 일본인들이 소리 높여 외치던 말이다. '일본의 정신'에다 '서양의 기술'을 합

쳤다는 뜻이다. 외국의 문화를 받아들여 그것을 일본에 맞게 바꾸는 것, 그것은 널리 알려진 일본의 문화적 성격이다. 일본을 모방을 잘하는 민족이라 일컫는데 그 저변에는 외래문화의 일본적 수용이라는 의미가 깔려 있다.

화혼양재의 가장 좋은 예는 일본의 국민음식인 '돈가스'이다. 돈가스는 일본의 문화적 특성을 가장 잘 반영한 음식이다. 일본의 음식전문가인 오카다데쓰는 저서인 『돈가스의 탄생』(정순분 옮김, 뿌리와 이파리, 2006)에서 돈가스가 지금의 형태로 되기까지의 과정을 자세하게 설명하고 있다. 그는 일본근대사에서 메이지유신은 서양을 모델로 삼아 일본이 근대화를 추진하던 개국과 혁명의 시기라 하였고, 메이지유신은 돈가스탄생의 실질적 출발점이라고 보았다.

일본에서는 오랜 기간 동안 육식을 금지해왔다. 불교부흥에 힘을 쏟았던 텐무天武천황은 675년 불교의 교리를 기초로 한 살생금단. 수육금지의 사상으로부터 소, 말, 개, 원숭이, 닭의 육식을 금하는 칙서를 발표하였다. 상층부에서 시작된 육식회피는 중세인의 생활의식의 심층부까지 영향을 끼쳐 고기를 먹으면 안 된다는 생각이 일본인에게 뿌리 깊게 정착되었고, 필요한 단백질은 생선으로부터 얻었다.

1853년 미국에서 페리제독이 함대를 이끌고 일본에 나타나자 서양의 압도적인 힘을 직접 본 에도 막부는 굳게 닫고 있었던 문을 열고 서양문물을 받아들일 결단을 하게 된다. 페리제독이 에도막부에 대접한 요리는 대량의 와인, 두꺼운 비프스테이크, 양고기 등 일본인이 지금까지 본적이 없는 요리였다. 에도 막부는 이때 서양의 거대한 군사력과 함께 서양의 식생활에도 강한 자극을 받게 된다.

결국 1876년에 15대 쇼군 도쿠가와 요시노부는 정권을 천황에게 반환하고 에도시대는 막을 내린다. 1868년 메이지유신明治維新을 거쳐 메이지시대가 되자 문명개화의 시대를 맞이하여 서양문화를 점차 생활 속으로 도입하기 시작한다. 그리고 정부는 부국강병을 외치며 서양인에 비해 왜소한 일본인의 체격을 개선하기 위해 1872년 육식금지령을 풀고 적극적으로 육식을 장려하게 된다. 이를 위해 서양요리를 수용하여 구미의 우수한 식문화, 나아가 문명을 흡수 동화하고자 한 것이었다.(『일본의 서양문화 수용사』, 정하미, 살림, 2005)

덴무왕이 '살생과 육식을 금지하는 칙서'를 반포한 이래 무려 1,200년 동안이나 육식을 멀리해온 일본이 메이지유신의 육식해금으로 비로소 떳떳이 고기를 먹을 수 있게 되었다. 하지만 1,200년이나 이어져온 식단을 하루아침에 바꾸기는 어려웠다. 이때부터 육식을 하기 위한 일본인의 노력이 시작된다. 일본인의 입맛에 맞는 고기 음식을 개발하려는 다양한 시도를 하였다. 먼저 스키야키나 전골 형태의 소고기음식이 등장한다. 서양에서는 찾아보기 힘든 일본특유의 굽거나 조리하는 방법을 고기음식에 적용하였다. 또한 쇠고기를 생선회같이 얇게 썰었다. 양념도 일본인 입맛에 맞는 간장이나 된장이 쓰였다. 이런 식으로 육식은 일본인의 식단 속으로 스며들게 되었다.

문명개화의 상징으로 서양을 알린 것은 소고기였지만 일본의 음식 혁명이 성공하는데 결정적인 영향을 끼친 일등공신은 돈가스이다. 돈가스는 소, 돼지, 닭 따위의 고기를 납작하게 썰거나 다져서 그 위에 빵가루를 묻혀 기름에 튀긴 요리인 커틀릿을 일본사람들이 변형시킨 데서 시작한다. 돈가스는 돼지 돈豚에다 커틀릿cutlet(얇게 저민 고기)을 합친 말이다. 독일·오스트리아·체코 등지에서 즐겨 먹는 돼지고기 슈니첼Wiener Schwein Schnitzel에 일본식 간장·물엿소스가 곁들여지면서 일본음식이 되었다. 돈가스라는 명칭은 돼지를 의미하는 한자인 돈豚과 커틀릿을 일본식으로 줄인 가쓰かつ를 합성해 만든 조어다.

일본의 돈가스는 1,200년 동안이나 육식을 금지했던 일본정부가 의도적으로 서양문명을 받아들이는 창구로서 만들어 낸 문명개화의 산물이었다. 일본정부는 음식문화 측면에서 일본인의 입맛에 맞는 고기 음식을 개발하려는 끈질긴 노력을 기울였고, 다른 한편에서는 금기였던 육식에 대한 거부감을 없애려는 작업을 해나갔다. 그 결과 지금은 돈가스를 서양음식으로 생각하는 사람은 없으며, 남녀노소 할 것 없이 일본인 모두가 좋아하는 인기 메뉴이다. 심지어 외국 생활을 오래한 일본인들은 가장 먹고 싶은 '일본 음식'으로 돈가스를 꼽는다고 한다. 이제 일본은 암호화폐로 제2의 메이지유신을 꽃피우려 노력중이다. 암호화폐 분야에서 세계 중심지가 되어 세계 경제를 이끌어 가겠다는 일본의 야망을 결코 무시해서는 안 될 것이다.

우리나라는 새로운 문물을 받아들인다는 면에서는 일본과 대척점에 서있다. 여태껏 비트코인의 정의도 제대로 정립하지 못한 상태이다. 부르는 용어도 '가상화폐', '가상통화', '가상증표', '암호화폐' 등 부처별로 다르고 사용자마다 다르다. 암호화폐에 대한 인식에 따라 제각각이다. 이런 상황에서 제대로 된 대책이 나올 수가 없다. 지금 대한민국의 암호화폐 정책은 전 세계적으로 진행 중인 신기술이라는 측면을 외면하고 투기성과 폐해만 강조하면서 초강경 규제 일변도로만 흐르고 있다.

박상기 법무부 장관은 올해 1월11일 암호화폐를 '돌덩어리'로 규정하며 암호화폐 거래소 폐쇄 조치를 밝혔다. 이에 가격이 급락하고 암호화폐 규제에 반대하는 청원이 쇄도하자, 청와대는 "정부 입장이 아니다"라고 해명해 혼란을 가라앉혔다. 은행의 가상계좌 실명 작업 중단, 신규 가상계좌 금지 방침도 1월 말까지 실명 작업을 완료하겠다고 입장을 바꾸었다.

암호화폐에 대한 정부의 정책은 많은 비판을 받고 있다. 우리 정부가 거래 과열을 비롯하여 투자자 피해에만 초점을 맞추다 보니 암호화폐 시장이 가진 효용성과 잠재력을 놓치고 있는 게 아니냐는 지적이 나오고 있다. 암호화폐 옹호론자들, 특히 정부의 강경한 규제방안에 대해 신문칼럼 등을 통하여 반대의 목소리를 높여온 이들이 가장 자주 썼던 용어가 바로 '쇄국정책'이었다

그중 현 정부의 부정적인 블록체인 인식과 암호화폐규제를 '흥선대원군의 쇄국정책'에 비유한 청원이 청와대 게시판에 올라와 사람들의 관심을 끌었다. 대구의 한 학교에서 역사 교사로 근무한다고 자신을 밝힌 청원인은 현 정부의 '블록체인 기술' 규제를 비판하고 이 기술의 활성화에 정부 관계자들이 힘을 쏟아야 한다고 호소했다. "현 정부의 정책은 앞선 정부의 보수적 작태와는 다른 개혁적, 진보적 시기이지만 지금 이 시기가 흥선대원군 시기와 닮았다는 생각을 지울 수 없다"고 말했다. "우리나라에서 이루어지는 블록체인 기반 기술을 활

용하려는 스타트업 회사들에 대해 ICO를 금지하려는 것은 흡사 흥선대원군과 다를 바 없다"고 역설했다. 또한 "정부는 4차 산업혁명 핵심인 블록체인에 대한 부정적 인식을 벗어나야한다"고 강조했다. 이 의견에는 '조선 말 흥선대원군의 쇄국정책만 아니었더라면 우리나라도 일본처럼 근대화에 성공하고 부강한 나라가 되었을 것이다. 암호화폐를 규제하는 것은 우리나라가 더욱 선진국이 될 수 있는 좋은 기회를 또 다시 스스로 차버리는 어리석음을 범하는 것이다'라는 생각이 깔려 있다.

암호화폐시장은 열린 생태계이다. 무조건적인 금지는 오히려 자본유출을 불러 올 수 있다. 국내에서 거래소를 폐쇄한다 해도 기존의 화폐에 대해 부정적인 생각을 가진 사람들을 포함한 투자자들 대부분은 해외 거래소로 빠져나갈 것이다. 우리 돈을 가져다 일본이나 미국 시장에서 비트코인을 취득하게 된다면 자본 유출이 심각해 질 것이다. 암호화폐 거래를 불법으로 규정하고 규제 일변도로만 나간다면 투자자들은 해외 거래소로 이동하게 될 것이고 투자자 보호는 더 어려워진다. 단순히 "위험하니까 닫아버리자"는 발상은 19세기 쇄국정책의 재현일 뿐이다.

18세기와 19세기 조선 사람들은 외국 문물이 들어오는 것을 경계했고, 쇄국정책을 통해 문을 걸어 잠가 버렸다. 1876

년 강화도조약으로 일본의 강압에 의해 쇄국정책은 폐지됐지만 10여 년간 계속됐던 이 정책으로 조선은 근대화에 실패해 결국 일제에 강제로 병합되는 비극을 맞았다. 반면 당시 일본은 화혼양재의 구호를 내세워 수백 년간 계속됐던 막부시대를 마감하고 부국강병의 길을 열었다. 이런 상황은 오늘날과 비슷한 점이 많다. 다만 그때와 달리 오늘날에는 식민통치의 위기가 경제적 지배의 위기로 바뀌었다는 것에서 차이가 있을 뿐이다. 비트코인이 지불수단이 되기 위해서는 사회적 신뢰가 약하다는 것은 사실이다. 또한 암호화폐에 대한 찬반 입장을 떠나, 거품이 많이 끼어 있다는 데는 대부분 동의하고 있다. 하지만 블록체인이 산업지도를 바꿀 잠재력을 갖고 있는 혁신적 기술이라는 데는 이론의 여지가 없다.

일본은 남의 것을 잘 베껴 더욱 좋게 자기 것으로 만드는 데 뛰어난 민족이라 말한다. 과거에 녹음기를 워크맨으로, 라디오를 트랜지스터로 탄생시켜 세계시장을 석권했던 감각이 음식에는 물론 화폐에서도 발휘되고 있다. 옛것에 연연하지 않고, 남의 것을 무조건 배척하지도 않으며 좋은 점만 취해 자기 것으로 만드는 능력은 일본의 큰 장점이다. 이는 다른 문화와 함께 살아가는 세계화 시대에 없어서는 안 될 능력이기도 하다. 돈가스는 서양에서 들어가 성공적으로 일본화 되었고 일본의 국민음식이 되었다. 우리도 돈가스의 지혜에서 한 수 배워야 한다.

3장

비트코인과
인문학

사촌 땅과 비트코인블루

　　　　　　　한국인의 그릇된 국민성의 예로 자주 이야기되는 것은 '사촌이 땅을 사면 배가 아프다'는 속담이다. 남이 잘되는 것을 기뻐해 주지는 않고 오히려 질투하고 시기할 때 비유적으로 쓰는 말이다. 나보다 잘났거나 내가 가져야 할 대상을 차지한 타인에게 느끼는 시기심과 질투심은 동서고금을 막론하고 누구에게나 있는 보편적인 감정이다. 한국인에게만 나타나는 특이한 점은 시기의 대상이 '사촌'이고 욕망의 대상이 '땅'이라는데 있다.

한국인은 경쟁상대를 외부에서 찾지 않고 내부에서 찾는 성향이 있다. 이는 폐쇄적인 사회에서 살아온 농경문화의 유산으로 볼 수 있다. 유목이나 상업인들과는 달리 농민들은 그 경쟁상대가 먼 바깥 세상에 있었던 것이 아니라 가까운 친척 아니면 바로 내 논밭에 있는 이웃 사람들이었다. 사촌은 아버지와 어머니를 제외한 조상이 일치한다는 점에서 동질성이 매우 높은 인물이다. 같은 환경의 비슷한 수준의 사람이 나보다 잘되면 생판 모르는 남보다 질투와 시기심이 더 작동하게 되는 것이다.

우리나라는 농경사회로 마을 공동체 의식이 강했다. 자연스럽게 평등사상이 강한 나라가 됐다. 남이 하는 것을 보면 자기도 해야 속이 편하고, 남이 앞서가는 것을 보면 참지 못하고 시기심이 작동한다. 유별나게 재능이 많고 똑똑하고 잘되면 거부하고 싫어하고 배척한다. 한국인의 이런 특징은 '농경사회 촌락공동체의 평균인간 체질의 산물'(『한국인의 버릇』, 이규태, 신원문화사, 1991)이라고도 하고, 우리 문화가 관계 지향적 가족주의에 근간을 두고 있기 때문이라고도 분석한다.

또한 욕망의 대상이 '땅'인 이유는 우리나라가 농경사회이다 보니 땅이 생존을 위한 식량생산의 원천이고, 땅에서 생산하는 쌀과 곡식으로 생활에 필요한 것을 모두 얻을 수 있기 때문이라 보인다. 전통사회에서 땅은 부의 상징이자 일터이며 일거리를 의미했다. 사촌이 땅을 사면 내가 살 기회를 빼앗긴 것이라는 생각이 들 수밖에 없다.

그리고 시기심이나 질투심이 반응하는 곳이 머리나 가슴이 아닌 배인 이유는 인체의 기관 중 배는 소화·흡수뿐만 아니라 각종 노폐물을 처리하는 곳이기 때문이다. 감정적 스트레스가 쌓이는 곳 역시 배이다. 스트레스로 장이 경직되면 '배알이 꼬이기'도 하고 '장이 뒤틀리기'도 '속이 뒤집혀' 배가 아프게 된다.

우리 조상들은 질투의 감정을 '심사가 꽁지벌레라', '마음이 흔들비쭉이라', '심술이 모과라', '마음이 시꺼먼 도둑놈', '못된 벌레 장판방에서 모로 간다'고 경계했지만 최근에는 '사촌이 땅을 사면 배 아프다'보다 더 심한 말이 돌고 있다. '배고픈 건 참아도 배 아픈 건 못 참는다'는 것이 바로 그것이다.

한국인들은 집단의 구성원들이 어려워지거나 불행해지면 서로를 잘 돕지만 누군가가 출세를 하거나 돈을 잘 벌거나 승진이 빠르거나 하면 숨어서 욕을 하고 시기 질투하는 성향이 있다. '사촌이 땅을 사면 배 아프다'는 말은 농경문화의 이러한 폐쇄적 가치관을 잘 보여주는 말이다.

세상은 달라졌지만 우리나라 사람들의 사촌을 향한 질투심은 여전하다. 그 질투의 대상이 땅이 아닐 뿐이다. 광풍처럼 불어 닥친 비트코인 열풍으로 주변에서 많은 돈을 벌었다는 이야기가 들리면서 배 아파하는 사람들이 많이 생겨났다. "나는 하루 종일 일해도 빠듯하게 사는데 누구는 비트코인으로 하루만에 몇 백, 몇 천을 벌다니…" 이런 생각은 질투심과 허탈감을 동반하고 몸과 마음을 몸살 나게 하고 있다. 돈을 넣자니 불안하고 안 넣자니 배가 아프기 때문이다.

질투심에 사로잡힌 사람은 두 가지 중 하나를 선택하게 된다. 본인도 그 대열에 동참을 하거나 아니면 그들을 비난하는 것이다. 비트코인 가격이 뛰어오르고, 친구가 큰돈을 벌었다는 얘기가 계속 들리자, 자신만 뒤처지고 있다는 조바심으로 맹목적인 투자가 이뤄지고, 그로 인해 더 많은 돈이 몰리는 상황이 벌어졌다. 단기간에 일어난 비트코인과 이더리움 등의 암호화폐 가격 폭등에는 이러한 질투심도 한 몫을 했음이 분명하다. 미국의 저명한 경제사학자 찰스 킨들버거$^{\text{Charles P. Kindleberger}}$는 금융시장에서 거품이 발생하는 근본 원인의 하나는 '친구가 부자가 되는 모습을 지켜보는 것보다 더 마음이 불편해지고 판단력을 흐리게 하는 것은 없기 때문'이라고 말한다. (『광기, 패닉, 붕괴: 금융위기의 역사』, 찰스 P. 킨들버거, 로버트 Z. 알리버 저, 김홍식 역, 굿모닝북스, 2006)

투기 대열에 합류하지 못한 나머지 사람들의 선택은 투자자를 비난하는 것이다. 이들이 암호화폐 투자자들을 바라보는 시선은 싸늘하다 못해 혐오의 대상으로 만들고 있다. 암호화폐 투자에 과도하게 매달리는 이들을 '코인충(가상화폐를 의미하는 '코인'과 벌레를 의미하는 '충'을 합친 말)'이라고 부른다. 코인에 미쳐 노동의 가치를 무시하고 한탕주의만 꿈꾸는 도박 쟁이라는 것이다. 이외에도 호구와 발음이 비슷한 '흑우'라는 용어도 대표적인 조롱어린 시선이다.

그들이 암호화폐 투자자를 '코인충'이라 욕하는 이유는 그들 내면에도 코인에 투자하고 싶은 마음이 있기 때문이다. 본인은 열심히 일해도 늘 적자인데 코인을 사둔 사람들이 큰돈을 벌었다니까 너무 부럽고 자신의 내면에도 쉽게 돈을 벌고 싶은 마음이 있음을 애써 부정하려하다 보니 욕으로 나왔음직하다.

게다가 정부가 암호화폐에 투자하는 사람들을 범죄자 취급을 한 것이 대중의 혐오심을 더욱 키웠다. 암호화폐 투자자들 중에는 일확천금을 노리며 적금을 깨고 빚까지 얻어서 투자하는 사람도 있고, 암호화폐의 가치, 성장가능성, 개발자의 이력 등을 꼼꼼히 살펴보고 투자하는 사람도 있다. 그런데 정부가 300만 암호화폐 투자자들을 잠재적 범죄자처럼 규정했다. 정부가 했던 과격발언들을 보면 '투기의 온상', '국부유출', '자금세탁', '탈세' 등이 있다. 정부는 암호화폐를 '범죄도구'나 '범죄수단'인 것처럼 단정 지었다.

코인판에 투기꾼들이 몰려들어 거액을 쏟아 부으며 시장을 조정하고 있다는 것은 엄연한 사실이다. 많은 암호화폐 투자자들은 오히려 정부가 거래소를 감시하고 투명하게 운영되도록 해 제도권에 편입되기를 바라고 있다. 그래야 '투기꾼'이 물러나고 건전한 '투자자'들이 안심하고 투자할 수 있기 때문이다. 투자자들은 암호화폐에 투자하고 있다고 드러내놓고 말하기가 왠지 떳떳하지 못하다. 앞에서 비난하지는 않더라도 주변에서 정부 규제를 보며 "그럴 줄 알았다", "가치 없는 것에 투자하더니 꼴 좋다"고 냉소할 것이 뻔하기 때문이다. 이는 최근 암호화폐 시장을 바라보는 대한민국의 시선이기도 하다. 암호화폐 투자로 돈을 번 사람에 대한 시기와 부러움도 깔려있지만, 돈을 잃은 사람에 대한 멸시와 조롱도 함께 담고 있다.

투자에 뛰어 든 사람들 또한 몸과 마음이 편치 않다. 투자자의 대부분은 청년들인데 그들은 대박을 꿈꾸며 학비나 생활비로 쓸 돈을 암호화폐에 올인 했다. 하지만 초창기 투자자를 제외하면 대부분 돈을 잃었다. 그들은 가격 급등락에 따른 심리적 불안감을 호소하고 있다. 암호화폐는 하루에 20~30%씩 오르내리는 일이 잦다보니 그만큼 감정 기복도 심해진다. 24시간 거래되기 때문에 불면증에 걸리기도 한다. 시장 변동 상황을 체크하느라 밤잠을 설치고 출렁이는 시세에 기분이 오르락

내리락 하는 날이 반복되면 두통, 불면증, 식욕부진, 탈모, 눈 충혈, 수면장애, 우울증 등으로 고통 받게 된다. 이러한 증상을 '비트코인 우울증' 또는 '비트코인 블루'라고 부른다.

더구나 분단위로 수십만 원이 오르내리다보니 24시간 휴대전화만 쥐고 있고 한시도 전화기에서 눈을 떼지 못한다. 자다가도 수시로 눈을 떠서 시세를 확인한다. 이처럼 암호화폐에 모든 정신을 몰입하는 이들을 '비트코인 좀비'라고 부르는 신조어까지 생겼다. 또 다른 말로는 '스몸비(스마트폰과 좀비의 합성어)'라 하며 '비트페인'廢人(가상화폐로 정상 생활이 어려운 사람)이라고도 부른다.

이 우울증이 때로는 분노로 나타나기도 한다. 가상화폐가 급락할 때는 손해를 본 투자자들의 분노가 온라인 커뮤니티를 중심으로 표출된다. '디시인사이드 비트코인 갤러리'에는 "-50%… 모니터 부쉈다" "-70%… 세면대 깼다"는 등의 '박살' 게시물들이 올라왔다. 게시물에는 실제로 산산조각 난 가구들 사진이 첨부되어 있다. 또한 파이팅 구호에 가까웠던 '가즈아'가 '한강 가즈아(한강에 투신하자)'로 바뀌기도 한다.

이런 우울증은 투자금을 잃은 사람들한테 주로 오지만 투자금이 적어서 많이 벌지 못한 사람들도 겪고 있다. '그때 조금 더 많이 투자했더라면'하고 '나도 진작 넣을 걸'하는 마음 때문이다. 어느 투자자는 단 100만 원으로 2,000만 원을 벌고도 '겨우 2,000만 원밖에 못 벌었다'는 생각이 들었다고 한다. 비트코인 폭락이 한 젊은이를 죽음으로 내몰기도 했다. 2018년 1월 부산에서 20대 대학 휴학생이 방안에서 숨진 채 발견되었다. 작년부터 암호화폐 투자를 시작해 한때 원금의 10배를 벌었지만 최근 가격 급락으로 원금까지 거의 잃자 우울 감을 호소했다고 한다.

비트코인이 처음 생겨난 것은 2009년이다. 그때는 가격이 0원이었고, 비트코인의 가치를 제대로 몰랐기 때문에 많은 사람들이 관심조차 갖지 않았다. 비트코인이 처음 생겨난 2009년은 커녕 우리나라에 알려지기 시작한 2016년에만 비트코인을 샀어도 지금 몇 억을 벌었을 것이다. 무작정 다른 사람들을 질투할 것이 아니라 자신이 제대로 된 정보도 없었고, 투자할 용기도 없었음을 인정해야만 한다. 정보가 없었다면 세상 돌아가는 것에 관심을 가지지 않은 자신을 탓하고, 정보가 있었는데 비트코인에 투자하지 않았다면 비트코인의 전망에 회의적이었던 자신의 판단력을 탓해야만 할 것이다.

바야흐로 소셜네트워크서비스[SNS] 시대이고 이웃의 범위는 전 지구적으로 확장됐다. 하지만 사촌의 땅을 질투하는 우리의 사고는 여전히 농경시대에 머물러 있다. 속담은 한 나라의 국민성을 반영한다. 그래서 일각에서는 '편협한 시기심이 우리 국민성을 지배하고 있다고 몰아붙인다. 하지만 나보다 잘났거나 내가 차지해야할 대상을 먼저 가져가 버린 타인에게 느끼는 시기심과 질투심은 동서고금을 막론하고 누구에게나 있는 보편적인 감정이다. 문제는 이런 시기심과 질투심을 조절하지 못하고 열등감에 빠지거나 상대에게 해를 끼치려 할 때 문제가 되는 것이다. 질투가 위험한 이유는 없는 사실을 만들어 험담을 하거나, 질투 대상을 끌어내리려 한다는 데 있다. 사람들은 질투 대상이 불행해지면 쾌감을 느낀다.

미국의 심리학자 롤프 하우블Rolf Haubl은 자신의 저서 『시기심』(에코리브르, 2009)에서 사회 심리적으로 시기심을 극복하는 3가지 형태를 우울, 분노, 야심이라고 했다. 여기서 '우울'은 시기심 상대와의 차이를 자신의 무능력으로 돌리고 자포자기하는 것이다. 또 '분노'는 시기심의 대상에 대해 적개심을 갖는 것이다. 반면 '야심'은 시기심 상대에 대해 경쟁심을 지니며 자신도 그처럼 되기 위해 노력하는 것이다. 이 책에는 다음과 같은 일화가 등장한다. 두 사람이 지나가다가 기가 막히게 좋은 외제차를 몰고 가는 젊은 청년을 마주친다. 그 중 한 사람이 환희에 차서 말한다. "우아, 멋진걸. 나도 언젠가는 저런 차를 몰 날이 있겠지?" 그러자 곁에 있던 다른 사람이 뇌까리듯 말한다. "저 인간도 걸어 다닐 때가 있을걸?" 저자는 두 사람은 우리가 흔히 만날 수 있는 모습인데 언뜻 후자만이 시기하는 것이라고 생각하기 쉽지만, 둘 다 시기심의 다른 표현일 뿐이라고 한다. 단지 그 시기심이 어떻게 나타나느냐의 문제일 뿐이라는 것이다. 즉 건설적이고 자기 개발적인 쪽으로(전자) 발전할 수도 있고, 그야말로 우리가 일반적으로 말하는 시기심으로 나타나서 상대가 나빠지길 바라는 쪽(후자)으로 발전할 수도 있다고 한다.

주변의 가까운 사람들의 행복에 초초해지고 존재에 위협을 느끼는 질투심은 우리사회가 극복해야 할 사회병리현상이다. 그렇지만 시기와 질투가 마냥 나쁜 것만은 아니다. 더러는 시기와 질투가 오기를 불러일으키고 전의를 불태워 자신을 더욱 단단하게 만드는 촉매역할을 하기도 한다. '사촌도 땅 샀는데 나라고 못할 소냐'하며 더욱 열심히 일하고 정진해 그 이상의 성취를 이루는 사람들도 많다.

강준만은 그의 저서 『특별한 나라 대한민국』(인물과 사상사, 2011)에서 우리나라 사람들이 "배고픈 건 참아도, 배 아픈 건 못 참는다"는 말을 삶의 철학으로 삼았다는 것은 한국형 평등주의에 기인한다고 분석하고 있다. "너도 하면 나도 하겠다"는 평등의식이 많은 부작용도 낳았지만 한편으론 한국 사회를 이

만큼이라도 성장시킨 원동력이었다고 평가한다. 한국인들에게 "나도 부자가 되어야 한다"는 욕심만큼 강력한 성취동기도 드물었다는 것이다. 한국인들은 타인의 성공에 대해 질시하며, 타인을 칭찬하고 격려하기 보다는 깎아 내리고 비난하기에 능숙한데, 이를 뒤집어 보면 그만큼 '남만큼 잘되고 싶고, 잘살고 싶다'는 욕구, 즉 자신의 삶을 향상시키려는 욕구가 강하다'고 해석하고 있다.

비트코인은 국경을 뛰어넘는 기술이자 글로벌 화폐이다. 암호화폐에 관심을 갖는 순간부터 나의 경쟁상대는 한국인에게만 국한 된 것이 아니라 미국, 중국, 일본 등의 글로벌 외국인이다. 이제 세계는 글로벌 시대를 맞아 무한 경쟁을 벌이고 있다. 이 경쟁에서 뒤처지지 않기 위해서 각 국가의 국민들이 보이지 않는 전쟁을 치르고 있다. 이러한 시기에 '사촌이 땅을 사면 배가 아픈' 기질은 국가 경쟁력으로 작용할 수 있다. 배가 아플 때 그 처방으로 '체념'과 '분노', '야심' 중에서 어떤 약을 처방할 것인가는 개인의 선택에 달려 있다. 막연한 시기나 질투보다는 '사촌이 땅을 사면 직접 가 본다'가 훨씬 더 현명한 해법이 될 수 있다.

코인무당과 재물운

무교^{巫教}는 한국 전통문화의 중요한 일부분이자 현재까지 우리 삶에 영향을 미치고 있는 문화적 현상이다. 과거에는 각 가정에서부터 마을, 넓게는 국가까지 구성원의 안녕과 공동체의 질서를 기원하고 각종 질병과 재앙으로부터 보호하기 위한 종교적인 주술 행위인 동시에 구성원의 화합을 위한 사회적 기능도 하였다. 그러나 오늘날 민속신앙은 과거와 같은 지위를 갖지 못하고 그 기능 또한 대부분 상실하였다. 그럼에도 불구하고 우리의 행동이나 말에서 민속신앙의 흔적을 찾을 수 있다.

우리가 흔히 쓰는 말 중에는 무속에서 유래된 단어들이 많다. 본래의 뜻으로 쓰는 경우도 있지만, 다르게 사용되는 것도 있다. '신명난다', '단골', '넋두리'와 같은 단어가 그 예다. 또한 민속신앙과 관련된 속담들은 우리 조상들이 무속을 대하는 태도가 어땠는지를 잘 보여준다. '선무당이 사람 잡는다', '굿이나 보고 떡이나 먹지', '귀신 씻나락 까먹는 소리', '귀신 대접하여 그른데 있느냐', '염불에는 맘이 없고 젯밥에만 맘이 있다' 등 생활 언어 속에 남은 무교의 영향은 이외에도 많다.

'재수가 좋다', '재수가 나쁘다'는 표현은 우리가 흔하게 사용하는 말이다. 여기서 재수란 '재물에 대한 운수'의 뜻으로 무교에서 '재수굿'처럼 많이 쓰이던 말이었으나 이후 행운의 개념으로 일반화되어 쓰이게 되었다. 옛날 사람들은 아침에 일어나면 '신수점'이라고 해서 그날의 운수를 봤다. 이것 중에는 '재물운수'도 들어 있다. '재수'는 이 '재물운수'가 줄어든 말이다. 따라서 '재수가 없다'는 말은 본래는 '오늘은 재물이 생길 운수가 없다'를 뜻했다. 일이 이상하게 안 풀리거나 주변에 기분 나쁜 사람이 있을 경우 재수 없다는 말을 하기도 하는데, 싫어하는 사람을 만났을 때 '재수가 없으려니까' 라는 말을 줄여 쓰다 보니 '재수 없다'가 되어, 불운하다는 원래 의미 보다 '기분 나쁘다, 불쾌하다'는 의미로 많이 쓰게 된 것이다.

요즈음 젊은이들 사이에서도 '재수 없다'라는 말은 유행어이다. 일상생활의 여러 장면에서 "헐~ 재수 없어!"라는 말을 하곤 한다. 젊은이들이 습관적으로 사용하는 "재수 없어"라는 말이 꼭 재물에 대한 운수만을 뜻하지는 않는 것으로 보인다. 총체적으로 운이 없다는 표현일 것이다. 은연중 자신의 삶을 운명에 맡기고 있다는 내심을 드러내는 말이다. 우리 사회에서는 아직도 노력의 대가보다는 타고난 운에 의해 삶이 달라진다는 의식이 지배하고 있다.

투자자 10명 중 7명이 20, 30대라는 비트코인 투자자들이 사용하는 용어 중에는 무속에 기반을 둔 것들이 많다. 코인 등락을 잘 맞추는 경우에 '작두예언'이라 칭하는 것이 그 한 예이다. 작두는 말과 소의 먹이를 써는 연장으로 기름하고 두툼한 나무토막 위에 긴 칼날을 달고 있는 연장인데, 신이 내린 무당이 영험력을 보여주기 위해 사용 하는 도구이기도하다. 신 내림을 한 무당만이 맨발로 날카롭게 벼려진 작두날 위에 오르는 '작두타기'를 할 수 있다. 그래서 마치 신 내린 것처럼 정확하게 앞날을 예측하는 것을 '작두 예언'이라고 하는 것이다. 다른 말로는 '돗자리 깔아야 겠다'고도 한다. 점쟁이들이 돗자리를 깔고 점을 보는 것에서 착안하여 뭔가를 예언하는 것을 돗자리 깐다고 하는 것이다. '현대의 무당은 작두를 타지 않고 랜선을 탄다'는 말이 있다. 옛날 무당이 작두를 탄다면 현대의 무당은 인터넷 랜선(컴퓨터를 인터넷과 연결시켜주는 선)을 타며 코인의 예상가격을 맞춘다는 것이다. 이외에도 '코인과 궁합이 맞다'라는 표현을 자주 쓰기도 한다. 적지 않은 수익을 챙기고 나오는 코인이 있는가 하면, 들어가기만 하면 물려버리는 코인이 있다. 즉 사람마다 자신의 성향에 맞는 코인이 각기 다르다는 의미이다.

사용하는 용어 뿐 아니라 투자자들의 습관 또한 샤머니즘적인 경우가 많다. 점쟁이한테 가서 사야 할 코인을 점지 받고 얼마까지 갈지를 상담하는 투자자도 있다고 한다. 이전에도 점쟁이에 의존하는 투자문화는 다양한 형태로 나타나곤 했다. 80년대와 90년대만 하더라도 증권사 지점장이 어떤 종목을 추천주로 선정해야할지 고민할 때 점집이나 무당집을 이용했다는 이야기가 많았다고 한다. "엄마가 점을 보셨는데, 주식투자 하지 말라고 했다"는 사람도 있고, "○○ 주식을 사려고 하는데요, 지금 들어가도 될까요?"라고 점쟁이에게 상담하러 오는 사람들도 있었다. 또한 로또 당첨번호를 '점지'해준다는 무당에게 속아서 거액을 날린 사람들도 있다. 거액을 날린 후에야 뒤늦게 속은 사실을 알아챘다고 한다. 또 꿈자리가 뒤숭숭하면 코인매매를 하지 않는 사람들도 있다.

지난 2017년 1년간 누적 수익률 4만%를 달성하며 암호화폐 거래소 '코인원'의 전설로 꼽히는 암호화폐 전문투자자의 필명은 '애기무당'이다. 그는 기가 막힌 예측으로 이더리움의 저점과 상승률을 족집게처럼 맞추어 화제가 되었다. 그를 따르는 추종자까지 생겨날 정도였다고 한다. 21살의 공대생 젊은이가 우리 무속전통에 기반을 둔 필명을 사용한다는 것은 꽤나 상징적이다. 무당 계에서는 신 내림을 받고 3~5년까지는 '애기무당', 20년을 넘으면 '만신'이라 부른다. 그의 예측이 앞으로도 정확하게 적중한다면 곧 '만신'으로 필명을 바꾸어야 하지 않을까 싶다.

투자자들이 점쟁이와 무당을 찾는 이유는 무엇보다도 코인 가격의 예측 불가능성 때문이다. 지금까지 어떤 이론분석도 무용지물이었고 갖은 방법을 동원해 봐도 등락을 맞출 수 없었다. 코인판은 '가즈아'('가자'를 길게 늘려 강조한 말로, 자신이 산 비트코인이 목표 가격까지 오르길 바라는 마음을 담고 있는 말), '떡상'(가격이 엄청나게 오른다는 의미), '떡락'(가격이 바닥까지 떨어진다는 의미) 등이 난무하는 곳이다.

주식 시장에서도 '랜덤워크'random walk라는 말이 있다. 주가는 술 취한 사람의 걸음처럼 방향성이 없다, 즉 예측할 수 없다는 말이다. 이는 버튼 멜키엘Burton G. Malkiel 프린스턴대 교수가 그의 책 『시장 변화를 이기는 투자 랜덤워크』(김홍식, 이건 역, 국일증권경제연구소, 2009)에서 제시한 이론으로 원숭이가 다트 게임으로 투자 종목을 선정해도 전문가들보다 높은 수익률을 올릴 것이라고 예언했다.

하지만 코인은 주식보다 훨씬 더 방향성을 찾기 어려운 시장이다. 주식시장처럼 호재나 악재에 따라 출렁이는 것도 아니고, 경기 전망과 연동해 기업 가치를 내다보는 거래도 아니다. 막연한 기대심리와 감에 의존하는 투자다. 어떤 기술적 분석도 무용지물이 될 때가 많다. 애초에 코인이 상향할지 하향할지는 바로 10분 후의 그래프도 예측할 수 없다고 한다. 저점이 어디인지는, 고점이 어디인지는 어느 누구도 알 수 없다. 차트 무용론자들은 어차피 차트는 작전세력 마음대로 흘러가기 때문에 개미가 열심히 차트를 봐도 세력의 마음을 알 수 없으므로 무용하다고 주장하기도 한다.

게다가 암호화폐 거래소는 가격제한폭이 없다. 국내 주식시장은 당일 주가의 최대 30%로 등락폭을 제한해 지나친 가격 변동에 따른 완충장치를 마련했지만, 암호화폐는 하루에도 20~30% 씩 오르내리며 어떤 때는 이유도 모르는 채 폭락해 버린다. 초 단위로 등락이 거듭되는데다, 거래 시장도 24시간 쉬지 않고 열려 있다. 이처럼 암호화폐는 명칭조차 논란이 되고 있을 만큼 어려운 투자 대상이다. 주식처럼 기업 분석이나 차트 분석을 할 수 있는 대상도 아니다. 이 모든 조건은 암호화폐를 단타 매매 중심의 거대한 투기시장으로 만들어 버렸다. 이렇게 시장이 불완전하고 묻지 마 투자가 기승을 부리며 변동성이 극단적으로 나타나는 상황에서 투자자들은 기댈 곳을 찾을 수밖에 없다. 이처럼 위험이 큰 이판사판의 도박을 벌이고 있는데 여기에 불확실성이 더해지자, 많은 이들이 엉뚱한 예언에 귀가 솔깃해 질 수 밖에 없는 구조이다.

그러다보니 여러 가지 예측이 난무했다. 예측이 틀리거나 맞을 경우, 손실 또는 수익의 규모가 엄청나다. 거금을 챙기거나 잃을 수도 있어, 순식간에 형편이 확 피거나, 빚더미에 앉을 수도 있다. 위험과 불확실성은 큰데 반해 정보는 부족하기 때문에, 합리적인 사람들도 말도 안 되는 예측에 귀를 기울이게 만드는 것이다. 인공지능 시대를 앞둔 현재 21세기에도 '코인 무당'들이 활개를 치는 이유이다.

비트코인이 막대한 잠재력이 있다는 것과, 현재 비트코인의 가치가 얼마냐 하는 것과는 다른 이야기이다. 아직 초기여서 현재 전 세계 상거래에서 차지하는 비중이 미미한데 이렇게 보면 비트코인의 최근 가격은 터무니없이 높다고 평가된다. 반면에 비트코인이 앞으로 상거래를 아주 **빠른** 시간 안에 잠식한다고 보면 현재의 가격도 낮을 수 있다. 이 말은 비트코인의 원천적 기능의 잠재력은 무한하지만, 현재의 가치가 얼마가 적정한가는 앞으로의 성장성에 대한 기대에 따라 제각각이라는 말이다. 거기에 이들 거래를 중개하는 기관의 신뢰성도 완성되지 않았다. 변동성이 매우 높을 수밖에 없다.

많은 사람들이 너도나도 암호화폐 시장에 뛰어든 이유는 가격 폭등 때문이다. 이더리움은 지난 2017년 연간 수익률이 8,000%로 가장 높았고, 비트코인도 1,700% 이상 오르며 시장을 이끌었다. 주요 암호화폐 가격이 상승하면서 시장에 유사 암호화폐도 쏟아지고 있다. 다른 사람이 코인 투자로 무일푼에서 몇 백 억을 벌었다고 하니, 너도 나도 뛰어 들고 있다. 청소년들까지 가세하여 인생역전을 꿈꾸며 대운大運을 코인에서 맞이하고자 한다.

누구나 한번쯤은 벼락부자가 되는 상상을 하거나 꿈을 꾼다. 우리 조상들은 재물을 불러들이기 위해 재수 굿을 하고는 했다. 재수가 아주 없다는 말은 '재수가 옴 붙었다'라고 하는데 어떤 일을 하려는 찰나에 훼방꾼이나 다른 악재가 끼어들어 운이 막혔다는 뜻이다. 간단한 나쁜 재수는 침을 뱉는 정도의 가벼운 주술로 처리하지만, 아주 안 좋은 운수를 바꾸기 위해서는 무당에게 굿을 의뢰하는 경우가 보통이다. 다양한 굿의 현장을 연구한 최길성의 연구에 의하면, 굿 가운데 재수 굿이 가장 신이 나며 가족들이 즐거워하는 굿이기 때문에 무당들은 계속 밝은 표정을 하게 되고 가족들도 즐거워하며 무감舞感(굿을 하는 중간에 굿을 보던 이들이 굿판에 참여하여 추는 춤과 놀이)을 서는 등 축제적 분위기를 자아낸다고 한다. 특히, 무당은 부채로 재물을 집안으로 불러들이는 시늉을 한다. 재물의 운수는 이렇게 신에 의하여 밖으로부터 집안으로 끌어들일 수 있다고 믿었기 때문이다.(『무속(巫俗)의 세계』, 최길성, 정음사, 1984)

한국사회의 '점' 열풍은 비단 어제 오늘의 일만은 아니다. 역사적으로 점은 한국인의 삶과 늘 밀접한 관계를 맺어왔다. 초자연적 존재와 소통하는 주술이나 종교를 의미하는 샤머니즘은 다양한 형태로 우리 삶에 녹아있다. 할머니는 성묘 후 고수레를 외치며 음식을 뿌렸고, 어머니는 날짜를 가려 꼭 손 없는 날에 장을 담갔고, 아버지는 개업식 날 돼지머리를 올리고 고사를 지냈다. 아버지가 다른 이의 장례식에 다녀오는 날이면 어머니는 아버지에게 소금을 뿌렸다. 또한 집안에 나쁜 일이 생기면 어머니들은 점집에서 액땜을 하는 부적을 써왔다. 부적을 집에 들고 와 부엌과 안방 문 위에 정성스럽게 붙이고 베갯속 혹은 속옷 사이에 품고 다니기도 했다. 정신병원도 전문 상담소도 없던 시절, 무당은 농경 사회에서 의사, 상담사 역할을 담당했다. 이처럼 무속적 사고와 행위, 샤머니즘적 의식은 오랜 세월 한국인의 일상을 지배해 왔다. 불교와 유교를 수용하고 근대화가 진행되면서 무속적 행위들은 많이 줄어들었지만, 아직도 미신·점술에 의지하고 살아가는 한국인이 적지 않다. 무속은 한국인의 오랜 정서를 담고 있는 귀중한 문화이자 종교로 현재도 우리들의 삶과 함께 변화를 지속하고 있다. 무속신앙은 근대화 과정을 거치면서 미신이라 하여 많은 배척을 받았으나 아직도 우리 민족의 의식 속에 뿌리 깊게 남아 한국 사회·문화 전반에 영향을 미치고 있다. 우리 공동체의 문화유산인 무속은 결코 부끄러운 것도 사라져야 마땅한 것도 아니다. 부끄러워해야 할 것은 미신에 기대어 노력 없이 대박만을 꿈꾸는 사람들의 탐욕이다.

우리 조상들은 노력보다 요행을 바라는 심리, 한탕주의, 도박에 가까운 투자심리를 경계했다. 인생의 지혜가 녹아있는 채근담菜根譚에서는 '무고지획'無故之獲 즉, 분수에 넘치는 복과 까닭 없는 횡재를 경계하고 있다. 돈을 많이 벌었다 해도 준비되지 않은 부(富)는 불행을 가져올 수 있다고 했다. 유교경전인 〈주역周易〉에서는 '재다신약'財多身弱이라 했다. 지나치게 재물을 쫓으면 몸을 상하게 하여 수명을 단축시키는 사주팔자를 가진 사람도 있으니 이를 조심하라 했다.

지금 비트코인은 로또와 마찬가지이다. 일확천금을 꿈꾸는 인간의 욕망에서 비롯된 허상인지, 아니면 4차 산업 혁명 시대를 맞은 새로운 변화의 시작인지 아직까지는 미지수다. 제대로 준비가 되어 있지 않은 상태에서 남의 말만 듣고 '한방'을 노리고 섣불리 뛰어 들었다가는 시퍼런 작두날에 발을 크게 다칠 수도 있는 위험한 판이기도 하다.

재수 굿을 벌이기보다는 적어도 내가 투자하려는 코인이 어떻게 만들어졌고, 어떤 종류의 코인들이 있는지, 또 어떤 점이 투자 포인트가 될 수 있는지 기술에 대한 가치 판단 정도는 한 다음 투자해야만 재물을 얻게 될 가능성이 높다. '팔자'를 고쳐 보겠다는 생각으로 준비가 되지 않은 상태에서 코인판에 돈을 모두 날리고 나의 '운빨' 없음만을 한탄해서는 안 될 것이다.

오발탄과
가즈아

          우리나라사람들은 '이름이 운명을 좌우한다'라는 생각을 할 만큼 이름을 중시했다. 좋은 이름은 사람의 인생을 옳은 길로 이끌기도 하며, 좋지 못한 이름은 험난한 인생으로 인도한다는 믿음 때문이다. 그래서 사람 이름은 물론 동물이름, 상호, 물건 이름까지도 공을 많이 들여 짓곤 했다. 최근에는 철도노선 이름을 두고도 격렬한 논쟁이 있었다. 2018년 동계올림픽을 앞두고 서울 강릉 간 KTX노선이 개통 되었다. 국토교통부가 그 이름을 경기도의 '경'자와 강원도의 '강'자를 차용해 '경강선'으로 정하자, 강릉을 중심으로 한 강원도민의 반발이 심했다. '일본식 이름이다', '출발지와 도착지가 어딘지 상징성이 부족하다', '발음하기가 불편하다'는 이유를 들며 변경을 주장하는 여론이 높아졌다. 이에 따라 각계의 의견을 수렴하는 설문조사를 진행하여 '강릉선 KTX'라는 새 이름이 붙여졌다.

이처럼 구성원들 모두가 이름의 중요성을 인식하고 합의를 거쳐 제 이름을 찾아가는 경우도 있지만, 아직도 소모적인 호칭 논란에 빠진 것이 있다. 가상통화, 가상화폐, 암호화폐, 가상증표, 비트코인…. '블록체인에 기반을 둔 디지털화폐'의 호칭 이야기다. 연일 화제에 오르는 암호화폐(일명 가상화폐)는 아직도 제대로 된 이름을 찾지 못하고 표류중이다.

금융위원회를 비롯한 정부기관에서는 이를 '가상통화' 또는 '가상증표'라 부르고, 언론과 소비자는 '가상화폐' 또는 '비트코인'이라는 호칭을 주로 쓴다. 대부분의 국내 언론은 가상화폐라고 적지만 기사 출처에 따라 암호화폐, 가상통화도 심심치 않게 등장한다. 이와 달리 정보기술IT업계와 학계에서는 '암호화폐'가 정확하다며 이렇게 불러야 한다고 주장하고 있다.

박상기 법무부 장관은 2018년 1월11일 기자간담회에서 가상화폐의 용어와 관련해 "가상화폐는 정확하지 않은 표현이라고 생각한다"며 "가상증표로 부르는 게 정확하지 않냐"고 말했다. 이는 박 장관이 가상화폐의 화폐적 가치를 인정하지 않는다는 의미로 풀이된다.

가상화폐는 암호화폐보다 넓은 개념으로 비트코인이 발명되기 전부터 사용해왔다. 가상화폐는 1990년대 인터넷 초창기에 싸이월드에서 이용됐던 '도토리'나 게임에서 쓰이는 게임용 코인 등을 가리키는 용어였다. 우리가 현금으로 살 수는 있지만 실제 사회에선 쓸 수 없다는 사실을 반영한다. 사람들은 이를 진짜 화폐가 아니라는 뜻에서 가상화폐라 불렀다. 하지만 비트코인은 실제 화폐처럼 쓸 수 있다. 사용자 간에 거래할 수 있으며 실제 상점에서 물건 값을 치르는 지급 수단으로 이용할 수 있다. 한국에서만이 아니라 전 세계 어느 나라에서든 사용할 수 있다. 따라서 게임이나 인터넷에서만 통용되는 '가짜 돈'이란 뜻을 담고 있는 가상화폐란 용어를 비트코인에 적용해선 안 된다.

정부에서 암호화폐를 가상화폐란 용어로 부르기 시작한 것부터가 부정적 시각을 유도하고 있는 것이다. 가상화폐란 단어는 마치 비트코인이 실제로 존재하지 않고 허구로 만들어져 의미가 없이 존재한다는 부정적인 인상을 준다. 가상공간에서만 통용되고 언제든 부도 수표가 될 수 있다는 고정관념을 갖게 할 수 있다. 비트코인이 기존 가상화폐와 다른 것은 '블록체인'이란 암호학 기술을 기반으로 하고 있다는 것이다. 그래서 나온 명칭이 암호화폐다. 이미 해외 언론과 커뮤니티에선 암호화폐를 주로 쓰고 있다.

『비트코인은 강했다』(케이디북스, 2017)의 저자 오태민은 정부가 비트코인 등 블록체인 기반 화폐의 공식 명칭인 크립토 커렌시crypto-currency를 '가상화폐'라고 부르고 있는데 이는 잘못된 번역이라고 이의를 제기하고 있다. 가상화폐는 사이버상의 여러 가지 사이버머니까지 포함하는 용어로 사용되고 있으므로 블록체인 기반 암호화 기술로 만들어진 크립토 커렌시는 '암호화폐'라고 번역하는 것이 정확한 용어 번역이라는 것이다. 우리가 개념 규정도 못하고 우왕좌왕하는 사이에 우리나라의 암호화폐 시장 규모는 전 세계 3위로 올라섰고, 우리 일상의 곳곳을 파고들었다. 암호화폐는 단순한 투기 상품이 아니라 우리 사회의 문화코드로 자리 잡고 있다.

지난 2017년 대한민국의 최고의 유행어는 '가즈아'였다. 암호화폐 투자 열풍이 거세지면서 아는 사람들끼리만 쓰던 '가즈아'가 전 세계 온라인을 뒤덮기 시작했다. '가즈아'는 '가자'를 길게 늘여 발음한 말이다. 스포츠 커뮤니티에서 네티즌들이 저마다 지지하는 팀을 향해 외치던 응원구호였다고 한다. 파이팅을 뜻하는 'GO'를 '가자'로 해석해 사용한 것이 그 시작이다. 투자자들은 자신이 매수한 암호화폐 가격이 오르기를 바라는 마음에서 '가즈아'를 외친다. "리플 4,000원 가즈아~!" 이런 식으로 쓰고 있다. 자신이 투자한 암호화폐의 가격 상승을 기대하는 투자자들의 염원이 담겨있는 말이다. 비트코인이 급락했을 때는 일부 네티즌들이 '한강 가즈아'라고 쓰는 등 투자자들을 비꼬는 데 사용하기도 했다. 가치가 떨어져 돈을 잃게 됐으니 한강으로 가서 투신해야 한다는 의미다. 이 유행어는 암호화폐뿐만 아니라 연예, 정치, 스포츠 등 다른 곳에서도 인기리에 이용 중이다. 인터넷 뉴스의 댓글난과 커뮤니티 게시판, 소셜미디어가 온통 이 단어로 도배됐다. 한국인들이 쓰는 '가즈아'가 세계적으로 화제가 돼 이제는 외국인들도 뜻을 알고 가즈아를 영어로 표기한 'Gazua'란 말을 사용하고 있어 국제적인 유행어로까지 발전하고 있다. '잘해보자'는 뜻으로 어디에서나 사용될 수 있다. 올 연 초에 안철수 의원이 '국민의당 가즈아!'라고 건배사를 해 눈길을 끌기도 했다.

'가즈아'는 새로 생겨난 생경한 말처럼 들리나 사실 그것의 본딧말인 '가자'는 우리에게는 아주 익숙한 외침이다. '가자'는 이범선의 『오발탄』(1959)에 나오는 송철호의 치매 걸린 어머니가 시도 때도 없이 외치는 소리였다. 주인공 송철호 가족은 한국전쟁 당시 북에서 남으로 피난 내려온 실향민이다. 정신을 놓치기 전부터 어머니가 입버릇처럼 되풀이하던 말이 "가자"이다. 어머니는 죽어도 고향에 돌아가 죽어야 한다고, 옛날로 돌아가고 싶다고 외쳐댔다. 돌아갈 수 없는 고향으로 가자는 끊임없는 외침은 소설의 분위기를 더욱 암울하게 만드는 한편 철호에게는 절박한 현실을 더 절실하게 느끼게 하는 장치로 작용한다. 철호의 어머니는 정신은 놓쳤지만 고향에 대한 집착만은 결코 놓지 않는다. 어머니가 가고자 하는 곳은 북녘에 두고 온 고향 땅이다.

우리 한국인들에게 고향은 그만큼 특별한 의미이다. 자기가 태어나서 자란 곳을 의미하는 '고향'故鄕이라는 단어는 세계 어느 언어에나 있는 말이다. 하지만 고향의 의미가 '조상 대대로 이어온 전통이 숨 쉬고 부모, 형제, 친척들이 모이고 명절 때면 고달픈 여행을 마다 않고 모두들 찾아드는 포근한 엄마 품과 같은 곳'이라는 의미를 지닌 경우는 한국에서 뿐이다. 영어 'hometown'은 자기가 태어나거나 자라서 친지들이 많은 장소를 연상시킬 뿐이다.

이런 한국인의 고향 의식은 농경사회의 전통과 깊이 관련되어 있다. 본래 이동 유목민족인 서양 사람들은 떠나가 사는 것이 자연스러운 삶이다. 그러기에 고향을 특별하게 생각하지 않는다. 하지만 한 곳에서 조상대대로 농사를 지어 먹지 않으면 살 수 없었던 우리나라 사람들에게 떠난다는 것은 일생일대의 큰일이었다. 농경지를 떠나는 것은 삶과 생산의 터전을 버리는 것이나 다름없었기에 아주 위험한 일로 여겼고, 오랜 시간 한 곳에 머물러 사는 것을 이상적으로 생각하는 문화가 자리 잡았다.

고향은 있으나 갈 수 없는 신세를 '뜨내기 인생'이라 한다. 국어학자 천소영은 예전의 한국인들은 집을 떠나 내 고장 밖으로 나간다는 것에 대해 필요 이상의 저항감을 느꼈다고 한다. 그래서 집을 떠나 내 고장 밖에 나간 이를 말 그대로 나그네(나간 이)라 한다. 우리 의식 속에는 집을 떠나는 그 순간부터 고생길로 들어섰다고 생각한다. 실제 그렇지 않더라도 우리라는 동류에서 이탈하였다는 그 자체만으로 나그네 길은 춥고 배고프다고 인식한다고 했다.(『우리말의 속살』, 천소영, 창해, 2000)

그래서 예전 사람들은 '역마살'을 최악의 팔자로 여겼다. 농경사회에서는 '떠돈다'는 것 자체가 정상적인 사회 구성원으로 살기 힘든 삶을 의미하는 것이었다. 점집에서 "역마살이 끼었어"라는 말을 들으면 당장 얼굴이 일그러지기 일쑤였다. 전통적 한국 사회에서는 고향을 떠나서 살게 되는 것을 큰 비극으로 여겼기 때문이다. '고향을 떠나면 천하다'는 속담은 고향을 떠나 낯선 고장에 가면 천대를 받기 쉬우며 고생이 심하고 외롭다는 말이다.

이 같은 정착성 때문에 전통사회에서 집을 옮기는 이사란 옮겨가 살지 않을 수 없는 불행한 사람이나 예외적으로 하는 일이었다. 이를테면 천재지변이나 전쟁, 유배流配 또는 그 마을에서 낯을 들고 살 수 없는 수치스러운 일을 저질러 동네에서 추방당했을 때뿐이다. 멀쩡한 사람이 받는 가장 큰 벌이 마을에서 쫓겨나는 것이고, 죽을 때 가장 불쌍한 것이 객사客死라고 생각했다. 미운 사람을 욕 할 때도 '고향에서 죽지 못할 놈'이라는 뜻에서 '객사할 놈'이라고 했다. '객사할 놈'이란 말이 한국인에게 심한 욕으로 통할 수 있었던 것은 바로 이 고향의식에서 비롯된다. 평생 큰 풍파 없이 잘 살다가 자식 손주들 하나도 축 내지 않고 그 후손들에게 죽 둘러싸여 안방에서 편히 임종을 맞는 것이 가장 이상적인 죽음이라는 인식이 강했기에 객사는 쓸쓸하고 저주받은 죽음이라 생각했다. 심지어 '건넌방에서 죽어도 객사'라는 말이 있을 정도였다. 고향을 중시하는 한국 사람들은 처음 만나는 사람에게 고향이 어디인지부터 먼저 묻는다.

하지만 1960년 대 이후 도시화·산업화가 가속화되면서부터 월남민들 외에도 고향을 잃은 떠돌이들이 점차 늘어났다. 이에 따라 당대의 소설가와 시인들은 영원한 마음의 고향이자 정신적 안식처를 상징하는 공간을 작품 속에 만들어 내기도 했다. 소설 『무진기행』(1964)에서 김승옥은 서울이라는 현실 세계와 동떨어진 이상과 순수의 공간, 무진霧津을 창조해냈다. 무진은 실제 지명이 아니다. 황석영의 『삼포 가는 길』(1973)에서의 삼포森浦 역시 가상의 지명이다. 우리나라 어디에도 없다. 기다림과 그리움을 읊고 있는 곽재구 시인의 시 〈사평역에서〉 사평역 또한 실존하지 않은 가상의 공간이다.

『오발탄』의 송철호와 그의 어머니 그리고 산업화 시대의 뜨내기 인생들에게는 꿈에서라도 돌아가고픈 고향이 있었다. 하지만 지금의 젊은 세대에게는 그런 고향이 없다. 고향을 그리는 마음조차 사라졌다. 태어날 때부터 컴퓨터가 옆에 있었고, 초등학교 이후 휴대전화를 지니고 있던 세대로서는 인터넷에 기반을 두고 있지 않은 어떤 것도 가치가 없다고 여긴다. 그들은 '고향 사람' 이라는 이름 대신에 자신을 '네티즌'으로 불러주기를 희망한다. 가상공간 속에서 그들은 친구를 만들고, 웃고 울기도 하고, 자신의 주장을 소리 높여 외치기도 하며, 물건을 흥정하기도 한다. 혼밥과 혼술이 당연해지고 가상공간에서만 자신의 감정을 표출한다. 그리움의 정서를 잊은 탓에 돌아갈 곳이 없는 청년들은 가상의 공간을 떠돌고 있다.

문제는 『오발탄』이 탄생한지 60년이 훌쩍 지난 지금도 청년들의 현실인식은 크게 좋아지지 않았다는 사실이다. 『오발탄』

의 결말에서 주인공 철호는 택시를 타고 아무데로나 "가자"고 말하고 방향감각을 상실한 채 의식을 잃는다. 소설 속에서 주인공이 갈 곳 몰라 하는 모습은 2018년 오늘 날 청년들의 모습과 겹쳐진다. '가자'와 '가즈아' 양쪽 모두의 밑바탕에는 현실에 발 딛을 수 없는 젊은이들의 좌절이 자리하고 있다.

비트코인과 이더리움 등을 통칭할 때, 발행구조, 관리주체, 활용범주 등 여러 가지 이유와 주장으로 다양한 이름을 쓰며 공식적으로 확정한 용어는 아직까지 없다. 가격이 폭등하고 투자자가 늘자 화폐인지 상품인지 정의하지도 않은 채 정부는 규제하겠다고 나섰다. "가상화폐? 결국 가짜라는 거 아냐?" "아, 비트코인, 그거 사이버 머니로 하는 도박 같은 거야." 이처럼 통일되지 않은 용어가 사람들을 더욱더 우왕좌왕 하게 만들고 있다. 언어가 모든 것을 결정하지는 않지만, 이름 없이 막연하게 알고 있던 것에 이름을 붙이면 우리의 인식은 그 이름에 영향을 받게 마련이다. 언어는 우리의 가치를 형성하고 우리의 행동을 이끈다. 따라서 언어에 대한 고민과 탐색은 삶의 태도와 방향에 대한 탐색이라 할 수 있다.

비트코인으로 대표되는 암호화폐를 '가상화폐'라 부르는 것은 우리의 청년들이 방향 감각을 잃어버리고 가상공간을 떠돌게 만들 우려가 있다. 젊은이들을 좌절하게 만들어 한강으로 내몰아서는 안 되겠지만, 실제가 아닌 허상에 마음을 기대게 해서도 안 될 것이다. "가즈아!" 역시 잘못 쏜 탄환(The aimless bullet)이라는 뜻의 '오발탄'처럼 목적지를 잃은 채 가상공간에 떠다니는 일은 없어야 한다.

경주 최부자와
블록체인

'노블레스 오블리주'Noblesse oblige는 프랑스어에 어원을 둔 말로 높은 사회적 신분에 상응하는 도덕적 의무를 뜻한다. 이는 19세기 초 프랑스 작가 '가스통 피에르 마르크'Gaston Pierre Marc가 고귀한 신분에 따르는 사회적 의무를 강조하면서 처음 쓴 것으로 알려져 있다.

노블레스 오블리주라는 용어가 쓰이게 된 것은 그리 오래되지 않았지만 지배계급의 사회적 의무에 대한 이야기는 아주 오래전부터 전해져 내려온다. 성경구절에까지 그 기원을 거슬러 올라가는 이들도 있다. '많이 받은 사람은 많은 것을 돌려주어야 하며 많이 맡은 사람은 더 많은 것을 내어놓아야 한다.'(누가 복음, 12장 48절) 로마시대를 노블레스 오블리주 정신의 원류라 보는 입장도 있다. 『로마인 이야기』(한길사, 2002)의 작가 시오노 나나미는 지성에서는 그리스인보다 못하고, 체력에서는 켈트인이나 게르만인보다 못하고, 경제력에서는 카르타고인보다 뒤떨어졌던 로마인이 오랫동안 거대제국을 유지할 수 있었던 원동력은 사회지도층의 역할이었다고 한다. 그는 로마가 1,000년의 문화와 정치의 중심에서 유럽을 지배할 수 있었던 배경에는 전쟁이 일어나면 제일 먼저 전장으로 나아가 목숨 바쳐 싸우고 나라가 어려울 때 남보다 더 많은 세금을 내면서 공공의 이익을 위해 나라를 지키던 로마귀족들의 노블레스 오블리주 정신이 있었다고 주장한다. 이러한 노블레스 오블리주의 전통은 이후 유럽 사회를 관통하는 핵심윤리가 되었고, 귀족의 역사 없이 출발한 미국은 '기부'라는 형태로 노블레스 오블리주를 실천하여 왔고, 현재까지 미국을 이끌어가고 있는 힘의 원천은 카네기, 록펠러, 빌 게이츠 등으로 대표되는 노블레스 오블리주 원칙에 입각한 기부 문화라고 말한다.

우리나라 사람들은 서구사회의 노블레스 오블리주의 전통을 부러워하며 우리에게는 그러한 정신적 유산이 없음을 한탄하고는 한다. 하지만 정옥자 전 국사편찬위원장은 『우리가 정말 알아야 할 우리 선비』(현암사, 2006)에서 노블레스 오블리주란 얘기가 나오면 서양의 귀족 자제들이 전쟁터에 간 얘기를 많이 하지만 문화국가를 표방했던 한국은 다르게 봐야 한다면서 모범을 보이고 주변 이웃에게 베풀고, 국난을 당하면 적극적으로 나섰던 선비정신을 오늘날 되살리는 것이 필요하다고 말한다. 즉 조선왕조가 500년을 지탱할 수 있었던 바탕이 된 선비정신은 서양의 노블레스 오블리주와 비견될 만한 귀중한 자산이라는 것이다. 조선의 선비들은 남에게는 후하고 자신에게는 박하게 하는 '박기후인'薄己厚人의 정신을 체질화하여 청빈하고 검약한 생활 방식을 자연스럽게 몸에 익혔다.

선비정신은 투철한 이타심으로 설명할 수 있다. 옛 선비들에게는 섣달 그믐날 빚 문서를 태우는 풍습이 있었다고 한다. 3년 지나고도 형편이 어려워 갚지 못한 문서를 골라 태우는 것이 관행이었다. 이는 비단 집뿐만 아니라, 생존의 기본인 먹고 입고 사는 일을 두고 분을 넘겨 돈을 벌거나 모진 짓을 하면 반드시 횡액橫厄이 닥친다는 믿음이 깔려 있었기 때문이다. 이와 더불어 '좋은 일을 많이 한 집에는 반드시 경사가 있다(적선지가 필유여경, 積善之家 必有餘慶)'는 신념 또한 지켜갔다. 남에게 적선을 하면 빨리는 한 달 내지 일 년 안에 좋은 일이 일어나고, 늦으면 수 십 년 안에, 그렇지 않으면 후대에서라도 반드시 좋은 일을 보게 된다고 믿었다.

대표적인 예가 300년간 조선시대 최고 부자를 유지한 경주 최부자집이다. 경주 최부자의 가훈 중에는 '사방 100리 안에 굶어 죽는 사람이 없게 하라'는 것이 있다. 만석 지기의 쌀 만석 중 1/3은 가솔들이, 1/3은 과객의 대접에, 나머지 1/3은 빈민구휼에 썼다고 한다. 부불삼대富不三代라고 부자는 3대를 못 간다고 하는데 경주 최부자는 나눔을 실천함으로 인해 사람들로 부터 모함과 시기를 받지 않고 존경받아 오면서 300년을 이어 왔다고 한다. 또한 전남 구례의 문화 류씨 집안은 굶주린 주민들이 가져갈 수 있게 담 밖에 독을 놓고 쌀을 채워 놓았다고 한다. 조선시대의 여러 양반 집안에서는 드나들기 편한 곳에 쌀이 든 쌀독을 놓아두고 형편이 어려운 사람들이 가져다 먹는 것을 부끄러워하지 않도록 배려하였다. 이러한 정신은 비단 양반가 뿐 아니라 서민층에게도 확산되었다. 한국 사람들의 부엌에는 매 끼니마다 한 숟갈씩 쌀을 덜어내는 항아리가 있었는데 이를 '좀도리'라 불렀다. 절약해서 끼니를 거를 수 밖에 없는 어려운 이웃에게 나눠주기 위해서였다. 이를 통해 보릿고개를 넘는 고달픔 속에서도 나눔을 실천했던 한국인들의 마음을 엿볼 수 있다. 지금도 '사랑의 좀도리 운동'은 계속 이어지고 있다.

이렇게 우리 조상들은 표 나지 않게, 상대방이 부끄러움을 느끼지 않게 나누는 배려심이 있었다. 부잣집에서는 가을걷이를 하면 논에 떨어진 벼이삭을 애써 줍지 않는다. 가난한 이웃들이 이삭을 줍도록 한 것이었다. 감자나 고구마 밭의 이삭도 가난한 아이들의 몫이었다. 옛 어른들은 이런 마음 씀씀이로 "콩 한 쪽이라도 나누어 먹는다"라는 속담처럼 남과 함께 하는 삶을 몸소 실천하며 살았던 것이다.

우리 조상들의 나눔 문화는 벼농사를 기반으로 한 '노동력의 공유'형태에도 있었다. 우리나라의 전통적인 공동노동조직으로는 '두레'와 '품앗이'가 있는데, 품앗이는 기본적으로 개인의 의사에 따라 이루어지는 소규모의 노동력 상호교환조직으로 시기와 계절을 가리지 않고 도움을 도움으로 갚아야 한다는 상호부조 의식을 기초로 이루어 졌고, 두레는 모내기·물대기·김매기·벼베기·타작 등 대규모 인력이 필요한 시기에 한 마을의 성년남자 전원이 거의 의무적으로 참가하는 공동노동의 형태였다.

우리의 전통적인 노동력 공유가 토지를 비롯한 생산수단 같은 생산과정에서 이루어 졌다면, 21세기형 '공유경제'는 소비과정에서 이루어지고 있다. 미국 시사 주간지 타임이 2011년 '세상을 바꿀 수 있는 10가지 아이디어' 중 하나로 꼽은 '공유경제'sharing economy는 하버드 법대교수였고, 현재 스탠포드대학

법대교수인 로렌스 레식Lawrence Lessig이 2008년 처음으로『리믹스Remix: Making Art and Commerce Thrive in the Hybrid Economy』(Penguin Group, USA, 2009)라는 책에서 제시했다. 그는 경제를 돈과 노동, 수요와 공급에 따라 작동하는 상업경제와 그렇지 않은 공유경제로 나눴다. 공유경제란 개인 소유가 아닌 타인과의 공유를 통한 '협력적 소비'를 바탕으로 한 새로운 경제 형태로, 대규모 생산과 이를 소비하던 전통경제에서 벗어나 제품과 서비스 등을 서로 빌려 쓰고, 빌려 주는 경제활동이 시장을 지배할 것이라고 봤다.

'공유경제의 대명사'로 불리는 공유차량 앱 '우버'Uber는 미국 샌프란시스코에서 2010년 6월 처음 서비스를 시작한 지 5년 만에 58개국 300개 도시에서 활약 중이며, 전 세계에서 우버 이름으로 차량을 운행하는 운전자 수만 100만 명에 달한다. 트래비스 칼라닉 우버 CEO는 새로운 서비스 '우버풀'UberPOOL 도입 계획을 밝히며 공유 경제의 또 다른 진화를 예고했다. 우버풀은 일종의 '합승' 개념으로 목적지가 같은 여러 명의 손님이 같은 시간대에 한 차에 타서 승차 비용을 줄이는 것이다. '내 집을 나눈다'home sharing의 개념에서 출발한 숙박공유 사이트 '에어비앤비'Airbnb는 2008년 창업한 이후 현재 190개국 3만4,000여 도시에서 1만개 이상의 숙소를 제공하는 플랫폼으로 급성장했으며, 세계 최대 온라인 쇼핑 업체 아마존은 공유경제 배달 서비스와 관련 앱 개발에 나섰는데, 아마존이 선보인 '온 마이 웨이'는 배달원이 아닌 일반 소비자가 아마존 상품을 배송하고, 그 대가로 수수료를 받는 배달 시스템이다. 여러 저술을 통해 자본주의 패러다임의 위기를 진단해 온 세계적인 미래학자로 펜실베이니아대 경영전문대학원 교수이며 미국 경제동향연구소 FOET를 설립한 제레미 리프킨 소장은 "공유경제는 자본주의가 낳은 '자식'이지만 때로는 '부모'인 자본주의와 경쟁하면서 한동안 자본주의와 공존하게 됐다"고 하며, 그가 '협력적 공유사회'Collaborative Commons라고 표현한 공유경제 시스템이 언젠가 자본주의의 자리를 대체할 것이라고 전망했다.

지금까지 우리는 공유경제 성공 모델을 우버나 에어비앤비 등에서 찾았다. 하지만 로렌스 레식 교수는 이를 '통제 권력에 의한 부스러기 경제'라고 지적한다. 진정한 의미의 공유경제는 제3의 신뢰자나 기관이 아닌, 암호화폐의 기반 기술인 블록체인Block-Chain이 만들어낼 수 있다. 공유경제 확산의 열쇠는 개인 간에 신뢰에 있기 때문이다.

공유 경제 시스템의 최대 난점은 '신뢰'의 문제였다. 블록체인은 신뢰를 기반으로 한 시스템으로, 공유경제 확대에 걸림

돌이 되는 신뢰 문제를 해결해 줄 수 있다. 우버나 에어비앤비를 이용할 때 다른 사람들이 쓰고 가는 정보들이 믿을 수 있다면 보다 많은 사람들이 이용하게 될 것이다. 가끔씩 소소한 내역 때문에 싸움이 나기도 한다. 예를 들어 '문 열쇠를 우편함에 넣어주세요' 했는데 한 쪽은 '넣고 갔다'고 하고 다른 한쪽은 '아니다'라고 했을 때 누구 말이 맞는지 알지 못한다. 공유경제가 확산되기 위해서는 우선적으로 확실한 기록들이 있어야 한다. 만일 결과물을 촬영해 블록체인 기술과 결합해 온라인상에 남겨두면 서로 믿을 수 있고, 확실한 증거가 남아 분쟁을 예방할 수 있다.

블록체인 기술은 P2P$^{\text{Peer to Peer}}$ 연결, 즉 개인 간 직접 연결을 기본 메커니즘으로 삼는다. 거래에 참여한 모든 당사자가 동일한 내용이 담긴 거래 장부를 나눠 가지고 거래 때마다 이를 대조하기 때문에 보안성과 투명성이 높다. 이 부분을 적용해 개인들이 빌려 쓰거나 나눠 쓰거나 바꿔 쓰고 싶은 물품의 거래가 이루어지게 된다. 이런 장점 때문에 블록체인 기술을 제대로 활용하면 여러 분야에서 다양한 공유 서비스가 나올 수 있다.

최근 유엔에서는 암호화폐를 적극적으로 구매하고 있는데 이를 난민원조에 활용하기 위해서이다. 『세계 미래보고서

2018』(박영숙, 제롬글랜, 비즈니스북스, 2017)에 의하면 유엔세계식량계획World Food Program에서는 2017년 5월 요르단의 시리아 난민 10,500명을 대상으로 구호활동을 펼치면서 실물화폐 대신 140만 달러 상당의 이더리움Ethereum을 이용한 전자 바우처 형태로 음식료품 쿠폰을 전달했다고 한다. 이 쿠폰은 난민캠프 내에 위치한 슈퍼마켓에서만 사용할 수 있다. 음식료품을 사지 않으면 쓸 수 없는 쿠폰 발행으로 기부 목적을 분명히 한 것이다. 실제로 쿠폰이 어떻게 사용되고 있는지 회계 처리에는 블록체인 방식을 도입했다.

또한 난민들의 신분을 증명하는 수단으로도 블록체인 기술을 사용하고 있다. 난민이 슈퍼마켓을 방문하면 눈을 통해 신분을 식별하는 'Eyepay'를 사용해 물품을 구매할 수 있는데, 구매 시에는 셀카를 제공하면 된다. 이 기술은 구매에 이용할 뿐 아니라 개인의 삶을 재건하는 목적으로도 사용될 수 있다. 소지품을 분실한 난민이 신분을 증명하지 못해 곤란을 겪는 상황도 블록체인 ID시스템을 만들어 도울 수 있다. 대부분의 난민들은 개인의 신원을 증명할 수 있는 방법이 없는 실정인데, 블록체인 기술을 통해 정식 신분증이 없고 거주 증명이 없는 사람들에게 디지털 신원을 부여하며 사회의 구성원이 될 수 있도록 돕고 있다.

이러한 새로운 시도에 대해 다른 여러 유엔 기관들 역시 관심 있게 지켜보고 있다. 블록체인은 세계 난민들에게 원조를 제공하는데 사용될 수 있을 뿐 아니라 다른 박애주의적 목적에도 사용될 수 있다. 원조에 동원되었던 전형적인 흰색과 푸른색 트럭을 블록체인기술이 대체하고 있다. 이처럼 UN은 암호화폐와 블록체인으로 인도적 지원을 돕는 미래를 그리고 있는 중이다.

또한 블록체인기술은 기부문화를 촉진시키는 매개체가 될 수 있다. 2010년 아이티 대지진 당시 미국 적십자는 5억달러(5,400억원)의 성금을 모았다. 적십자는 기부금의 91%가 구호에 사용된다고 공언해왔지만 2016년 기부금 사용처를 추적한 결과 40%가 내부적으로 쓰인 것으로 드러나 충격을 주었다. 이런 불투명한 운영 뿐 아니라 자선단체의 문제는 또 있다. 기부금 전달과정에서 중개자들이 많아 수혜자에게 도달하는 금액이 줄어든다는 것이다. 자선단체 역시 기부금을 송금하는데 드는 수수료가 늘 골칫거리다. 물품의 도난과 분실의 위험도 있다. 그래서 최근 블록체인 기술을 활용해 이런 문제를 해결하려는 자선단체가 늘고 있다. 자선단체가 모금 사유, 필요 금액, 사용 계획 등을 블록으로 등록하는 것이다. 기부금이 들어오면 이 역시 블록체인에 기록되고 다시 여기에 수혜자 계좌로 이체되고 인출된 기록이 더해진다. 이 과정을 기부자 등 블록체인 네트워크 참여자 모두가 감시할 수 있다. 횡령도 유용도, 새는 것도 없이 투명한 관리가 블록체인 기술로 가능해졌다. 한국블록체인협회 준비위원회 공동대표인 김진화는 그의 저서 『넥스트머니 비트코인』(부키, 2013)에서 '과거 30년이 인터넷 시대였다면, 향후 30년은 블록체인 시대가 될 것'이라고 전망했다.

앨빈토플러는 『부의 미래』(엘빈토플러, 하이디토플러, 김중웅 옮김, 청림출판, 2006)에서 앞으로의 부자는 얼마나 남에게 베풀 수 있는가에 따라 부자로 행세할 수 있다고 했다. 이러한 이상적인 부자의 모델이 바로 우리나라의 경주 최부자이다. 최부잣집이 300년 동안 대대로 만석꾼을 유지한 비결은, 만석 이상 재산을 모으지 말고, 과객을 후하게 대접하며, 주변 100리 안에 굶는 사람이 없게 하고, 흉년에는 남의 논밭을 사지 말라는 가훈을 잘 지킨 덕분이었다.

최부잣집의 가훈에서 알 수 있듯이, 우리는 원래 나눔을 실천하는 민족이었다. 하지만 급속한 경제성장의 그늘에 나눔의 전통은 묻혀버리고 대부분의 부자들은 크게 쌓은 부를 어떻게 하면 세금 덜 내고 대물림할 수 있을까를 궁리하는데 여념이 없다. 이처럼 맥이 끊긴 우리의 '공유와 나눔'의 철학을 블록체인의 도입으로 되살려 낼 수 있다. 블록체인 기술을 단지 개인 또는 기업의 이익이나 효율을 목적으로 활용하는 것뿐만 아니라 건강한 사회를 건설하는데 활용하고, 사회적 안전망을 구축하기 위한 도구로 사용할 수 있을 것이다.

여성인권과
비트코인

네덜란드의 사회심리학자 홉스테드G. Hofstede는 세계의 문화를 남성적 문화와 여성적 문화로 구분하고 있다. 남성적 문화는 지배가치가 남성 지향적이며 성 역할 구분이 명확한 문화인 반면 여성적 문화는 성적 동등성을 추구하는 문화라고 정의한다.(『세계의 문화와 조직 - 정신의 소프트웨어』, 헤르트 홉스테드 외 지음, 차재호·나은영 편역, 학지사, 2014) 남존여비의 전통적 개념이 의식 속에 뿌리 깊게 박힌 우리나라는 남성적 문화의 특징을 많이 드러내고 있다. 이러한 특징을 유교적 전통이 지배하는 우리만의 것이라고 할 수 없는 것은, 여성이 남성과 동등한 권리를 갖고 있는 나라가 전 세계적으로 그리 많지 않기 때문이다. 선진국이라고 불리는 서구에서도 여권이 신장된 시기는 겨우 100여년이 되지 않고, 21세기 현재의 지구촌에는 아직도 여성억압적인 국가가 많다.

심지어 여성이 자전거를 타는 것조차 금기시 하는 나라가 있다. 여성혐오 문화, 중동 탈레반 문화 등 남성 중심문화가 여전히 지배적인 곳, 바로 아프가니스탄이다. 이슬람 극단주의 단체, 탈레반이 집권하면서 아프가니스탄에는 여성 탄압정책이 시작됐다. 여성들은 교육의 기회는 물론 인권 자체를 빼앗겼고 얼굴과 몸 심지어 눈도 거의 다 가리는 부르카를 의무적으로 착용해야 했다. 다행히도 2001년 탈레반 정권이 무너지며 많은 여성은 교육의 권리를 되찾았지만, 고등 교육의 기회는 여전히 제한적이다. 또한 자신의 이름으로 돈을 소유할 수 없을 뿐 더러, 동행할 수 있는 남성 가족이 없으면 집 밖으로 돌아다닐 수도 없다.

아프가니스탄 여성들 뿐 아니라 전 세계 여성 중 42%는 은행계좌를 개설하지 못했다고 한다. 그러나 비트코인의 기반기술인 블록체인이 활성화되면 이들도 금융 서비스를 받을 수 있을 것이라 전망하는 사람들이 있다. 금융전문 기자인 마이클 케이시, 폴 비냐는 비트코인과 블록체인 기술이 더 나은 세상을 만들 것이란 믿음을 가지고 있다. 그들의 공동저서인 『비트코인 현상, 블록체인 2.0』(유현재, 김지연 공역, 미래의 창, 2017) 의 서문은 다음과 같이 시작한다.

> 2014년 초, 아흐마디의 삶은 바뀌게 된다. 아프가니스탄에 거주하는 여성들을 포함하여, 전 세계에 소량의 돈을 송금하는 데 따르는 거래 비용이 높아서 어려움을 겪고 있던 필름아넥스의 설립자인 프란시스코 룰리는 필름아넥스 지불 시스템의 대대적인 변경을 감행한다. 2013년 불현듯 세상에 나타나 디지털 유토피아 세상을 만들 것만 같은 디지털 화폐인 비트코인을 이용해 블로거들에게 대금을 지불하기로 한 것이다.

저자들에 따르면 대부분의 아프가니스탄 소녀들은 은행 계좌가 없다. 그래서 소녀들이 돈을 벌더라도 이를 아버지 또는 남자 형제들의 계좌로 이체해야만 했다. 이때 비트코인을 이용해 아프가니스탄의 젊은 여성 아흐마디와 같은 사람들에게 도움을 줄 수 있는 방법을 찾아낸 것이다. 비트코인은 인터넷 접속이 가능한 디지털 은행 계좌에 저장할 수 있다. 은행에 계좌를 개설하기 위해 직접 갈 필요도 없고 서류 또한 필요 없다. 남자임을 증명할 필요도 없다. 비트코인은 계좌를 만들고자 하는 사람의 이름이나 성을 알지 못해도 개설할 수 있기 때문이다. 따라서 여성 차별적 사회의 여성들 가운데 인터넷에 접속할 수 있는 여성이라면 자신만의 돈을 관리할 수 있게 된 것이다.

아프가니스탄 내에서 여성의 비트코인 활용이 늘어났고 이로 인해 여성의 경제적 독립도 증가한 것으로 알려지고 있다. 그리하여 비트코인 사용 활성화를 위해 젊은 여성들에게 컴퓨터 및 미디어 교육을 제공하고 있다고 한다. 아프가니스탄 여성 페레슈테 포르흐 Fereshteh Forough가 2015년 11월 아프가니스탄 내 뿌리 깊은 성 불평등을 바로 잡기 위해 비영리 교육 단체를 만들었다. 그 단체의 이름은 '코드 투 인스파이어'Code to Inspire이다. 아프가니스탄 내 여성을 위한 첫 번째 코딩 학교다. 코드 투 인스파이어는 아프가니스탄 서부 지역 헤라트에서 15세에서 25세 사이 여자 학생들에게 코딩 교육을 무료로 진행하고 있다. 아프가니스탄 여성들은 비트코인을 사용하게 되면서부터 어떻게 하면 독립적으로 살 수 있는지를 알게 되었고 스스로 결정을 내릴 수 있는 방법을 배웠다고 말한다. 이처럼 비트코인은 이슬람 국가 여성들의 삶에 큰 변화를 일으키고 있다. 그래서 암호화폐의 선한 미래를 믿고 있는 사람들은 암호화폐의 기반기술인 블록체인이 개발도상국 여성들의 경제권을 보호하는 데 도움이 될 것이라 전망하고 있다.

이처럼 암호화폐는 은행계좌를 만들기 어려운 많은 국가의 국민들에게 좋은 대안이 될 수 있다. 선진국 사람들의 입장에서는 암호화폐는 아직 도입 초기 단계인데다가, 자신들이 사용하고 있는 기존의 결제 방식에 불편함을 느끼지 못하기 때문에 굳이 새로운 무언가를 알 필요가 없다고 생각한다. 그러나 개발도상국 사람들에게는 비효율적인 금융 시스템으로 인해 금융비용이 많이 들고 자금을 이전하는 것이 매우 불편한 일이기 때문에 암호화폐가 훨씬 더 호소력 있게 다가왔다. 현재 우리는 현금을 쓰는 대신 간단하게 카드를 긁어 결제한다. 특히 우리나라는 카드 결제가 아주 쉬운 국가에 속한다. 더 나아가 이를 보완하기 위해 앱카드 및 각종 페이가 등장하여 결제를 더욱 간단하게 만들어주고 있다. 이런 상황에서 극히 일부에서만 사용할 수 있고 속도 면에서도 편리함 측면에서도 무엇 하나 나은 것이 없는 암호화폐는 투자하는 사람들 외에는 굳이 관심을 둘 필요가 없다.

하지만 개발도상국에서는 그 의미가 완전히 다를 수밖에 없다. 전 세계적으로 은행을 이용하지 못하는 이들을 대략 25억 명으로 추산하고 있다. 개발도상국뿐만 아니라 선진국 내에서도 갖가지 이유를 들어 소위 '돈이 안 되는' 이들은 은행을 이용하지 못한다. 은행은 수익이 나지 않는 곳에 인프라와 보안,

시스템을 설치하지 않기 때문이다. 신용기록이 없고 신분 증명 시스템이 없다는 점 때문에 많은 이들이 은행을 이용하지 못하는데, 이들에게 암호화폐는 경제적 활동을 돕는 것 이상의 역할을 할 수 있다. 암호화폐는 플랫폼만 갖추면 그 사람이 누구인지 알 필요가 없으므로 그동안 세계 금융에서 배제된 많은 이들에게 동일한 기회가 주어지도록 한다.

흥미로운 사실은 개발도상국 사람들은 휴대전화 보유율이 높다는 점이다. 은행 계좌 보유 비율을 훨씬 앞지른다. 개발도상국은 선진국이 겪어 온 숱한 중간과정은 생략하고 새로운 기술을 빠르게 받아들일 수 있는 환경을 갖추었다. 이런 상황에서 휴대전화만 있으면 인터넷 연결 없이도 일대일 거래가 가능하고 수수료가 저렴한 암호화폐가 반가울 수밖에 없다.

게다가 암호화폐는 송금 수수료를 많이 아낄 수 있다. 예를 들어 이민자들이 해외에서 벌어들인 돈을 모국에 송금한다고 할 때, 환전 수수료와 송금수수료를 많이 부담해야 한다. 세계은행 조사에 따르면 국제 송금업체가 평균적으로 가져가는 수수료는 10%이다. 아프리카 나이지리아에서는 수수료를 10달러만 아껴도 4인 가족이 식사를 일곱 번 더 할 수 있다고 한다. 암호화폐는 나중에 현지 화폐로 바꿀 때 약간의 수수료가 들지언정 기존 송금 서비스보다는 훨씬 저렴하게 이용할 수 있다.

가난한 개발도상국 국민들은 건강 보험이나 생명 보험 또한 없다. 보험은 보통사람의 수입을 훨씬 넘어서는 데 그 이유 중 하나가 높은 관리비용 때문이다. 1달러 당 보험 요금에 대한 관리비용이 상당하다. 나라마다 차이는 있지만 브라질은 0.28달러, 코스타리카는 0.54달러, 멕시코는 0.47달러이다. 블록체인 시스템은 보험사기 방지 같은 관리비용을 줄여 보험료를 인하할 수 있다.

이에 따라 선한 목적으로 암호화폐를 활용하고자 하는 사람들은 두 가지 영역에 집중하고자 했다. 선진국에서 개발도상국으로 송금하는 것, 또 하나는 내부 지불 및 송금 시스템이다. 비트코인은 혁신적인 디지털 기술로 은행업과 상업의 관행을 근본적으로 뒤흔들만한 잠재성을 가지고 있으며, 수십억명의 개발도상국 사람들의 세계경제 참여를 가능하게 해 줄 수 있다. 비트코인은 은행계좌를 만들기 어려운 많은 국가의 국민들에게 좋은 대안이다.

많은 사람들이 블록체인 기술이 먼저 나왔고, 그 중 비트코인이 블록체인 기술을 이용해서 만들어진 한 가지 활용의 예시라고 잘못 알고 있다. 사실은 '금융의 민주화'를 목적으로 비트코인을 만드는 과정에서 블록체인이라는 기술이 나오게 된 것이다. 비트코인이 먼저이고 블록체인은 그 과정에서 나온 핵심 기술인데 이는 여러 분야에 적용 가능하다.

현재 비트코인이 현지 화폐보다 더 안전한 자산으로 평가받으며 높은 인기를 끌고 있는 나라들이 점점 많아지고 있다. 베네수엘라의 경우 2017년 작년 물가는 700% 넘게 뛰었고, 올해에는 2,000% 이상 치솟을 것으로 예상하고 있다. 이 나라 지폐는 곧 휴지가 될 수도 있다. 2011년 독립 이후 분쟁이 끊이질 않고 남수단공화국 역시 2016년 초반 이후 물가 상승률이 150%를 넘어섰다. 이와 같은 살인적인 물가 상승률은 곧 화폐 가치 하락을 의미한다. 이렇게 경제 상황이 불안한 지역에서 비트코인은 중앙은행이 발행한 화폐의 대안이 될 수도 있다. 월스트리트저널은 올해 1월 수단과 케냐 등 아프리카 국가에서 비트코인 거래량이 크게 늘었다며 '국민들이 정부와 중앙은행을 신뢰하지 못해 비트코인에 몰리고 있는 것으로 보인다'고 보도했다.(월스트리트저널, 2018년 1월5일) 이러한 나라들은 경제체제가 안정되지 못해 화폐의 가치가 크게 변하는 경우가 많다. 이에 따라 암호화폐의 신뢰도가 더 높아지면서 거래량과 함께 사용처도 점점 늘어나고 있다는 것이다. 아프리카 수단에서는 암호화폐가 혼수 품목에도 포함되고 있으며 케냐 국민들은 스포츠 경기결과를 놓고 판돈을 걸거나 음악 스트리밍 서비스를 결제할 때 암호화폐를 활용하고 있다. 월스트리트저널은 전문가의 말을 인용해 "중앙은행과 정치권에 실망한 이들이 암호화폐를 보호막처럼 여기고 있다"며 "전통적 화폐의 가치가 떨어지면서 비트코인의 가치는 상승하고 있다"고 했다.

아예 빈곤퇴치를 목적으로 코인을 발행한 경우도 있다. 2014년 7월 발행된 코인인 스텔라 루멘Stella Lumens XLM이다. 스텔라 루멘은 비영리단체에서 운영하고 있으며 최저가 금융 서비스를 목표로 국제적 빈곤 즉 개발도상국 인구에게 저렴하고 편리한 소액결제 금융 서비스를 제공하고 있다. 주로 개인 간의 송금을 위한 서비스에 중점을 두고 있는데 스텔라의 비전은 금융서비스의 비용을 낮춰서 개인의 가능성을 최대화하고 빈곤을 해결하는 것에 맞춰져 있다.

또한 아직은 시험단계이기는 하지만 블록체인 기술이 발전하면 더 정교한 기부도 가능해진다. 우선 수혜자를 특정할 수 있다. 예를 들어 여성청소년 생리대 지원을 위해 그 가정에 돈을 보냈을 때 수혜자를 딸로 지정하는 스마트계약(계약 조건을 블록체인에 기록하고 조건이 충족됐을 경우 자동으로 계약이 실행되게 하는 프로그램)을 걸어두는 것이다. 생리대를 사려고 했을 때만 돈이 인출된다. 목적도 특정할 수 있다. 만일 기부금을 자녀 학자금 지원용으로 특정하면 수혜자가 이 목적이 아니면 자동으로 인출을 막는 것이다. 조건을 지정할 수도 있다. 수혜자의 자활을 지원하는 대신 근로활동을 조건으로 한다면 이를 어긴 정보가 등록됐을 때 기부금은 자동으로 회수된다.

우리가 비트코인에 대해 듣는 뉴스는 '가격이 급등락했다', '누가 사기를 쳤다', '거래소가 해킹 당했다' 등 부정적인 것이 대부분이다. 비트코인에 대한 부정적 뉴스 혹은 표면적 뉴스에 가려 블록체인 기술이 가지는 근본적 이점이나 혜택에 집중하지 못하는 경향이 있다. 암호화폐의 궁극적 비전은 이미 돈 있는 사람들이 진입해서 가격을 올리는 것이 아니라, 가난한 사람들과 경제의 중심에서 밀려난 여성들에게 유용한 도구를 제공하려는 것이다. 할리우드에서 시작된 '미 투 캠페인'Me Too Campaign에서 보듯이 가난한 사람들과 여성이 중심이 된 권력이동은 이미 시작되었다. 비트코인이 시작한 '탈중앙화' 노력은 앞으로 더욱 거세질 것이다.

비트코인
인문학

2017년부터 2018년 현재까지 대한민국에서 비트코인은 온 국민의 화제 거리이다. 최근의 규제 강화로 잠시 냉각기를 맞고는 있지만 블록체인과 암호화폐가 불러온 변화의 불씨는 꺼지지 않고 있다. 비트코인은 많은 사람의 관심 속에 있지만 정작 이것이 무엇인지 제대로 아는 사람은 드물다. 블록체인, 해시, 탈중앙화, 작업증명 POW, Proof of Work, 지분증명 POS, Proof of Stake, P2P peer-to-peer 등 생소한 개념과 용어가 무수히 등장하는데다 기존 화폐 기능과 시스템으로 이해하는 데는 한계가 있기 때문이다. 이 분야 전문가라는 사람들도 대중에게 이해하기 쉽게 잘 설명하지 못한다. 정부의 각

부처에서도 낯선 기술, 낯선 시스템이다 보니 암호화폐를 보는 시각과 이해도가 달라 국민에게 제대로 된 입장을 보여주지 못하고 있다. 단지 '우리도 그것이 무엇인지 잘 모르니까 절대 투자는 금지입니다'라는 식의 입장만 고수했다.

그래서 비트코인과 블록체인이라고 하면 젊고 똑똑한 기술자들이나 아는 이야기라고 생각하는 사람이 많다. 하지만 비트코인을 구성하는 기술적 요소들, 비트코인과 블록체인을 둘러싼 산업적 측면들, 그리고 비트코인과 블록체인의 경제적 측면, 그리고 비트코인으로 생각해보는 국가와 개인이라는 철학적 측면까지, 어느 한 측면도 중요하지 않은 것이 없다. 비트코인을 비롯한 암호화폐는 자본주의를 작동시키는 은행과 화폐 시스템에 대한 기술적 혁명으로 인간과 기술과 사회의 관계를 재정립해야만 제대로 알 수 있다. 여기에 인간을 중심으로 연구하는 학문인 '인문학'의 역할은 필수적이다.

가장 오래된 학문인 인문학과 최첨단 기술인 디지털은 상극인 듯 보이지만, 사실 그 둘은 잘 어울리는 속성을 가지고 있다. 디지털 시대의 특징은 구체적 실체가 없이 모든 것이 가상의 공간에서 전자부호로 이뤄진다는 데 있다. 인문학의 중심인 문학도 디지털처럼 실체가 없고 허구적이며 창의력과 상상력에 의존하고 가상현실에서 작용한다. 문학은 오래전부터 상상을 통해 가상 세계를 창조해 왔다. 현실과 가상 두 세계 사이에서 어느 것이 참된 것이고 헛된 것인지 애매하다는 것의 대표적 사례가 '호접몽'이다.

대표적인 동양고전의 하나인 장자莊子의 제물론편齊物論篇에 '호접지몽'胡蝶之夢이라는 이야기가 실려 있다. 어느 날 장주는 제자들을 불러 자신이 간밤에 꾼 꿈 이야기를 들려준다. "내가 지난 밤 꿈에 나비가 됐다. 날개를 펄럭이며 꽃 사이를 즐겁게 날아다녔는데 너무 즐거워서 내가 나인지도 몰랐다. 그러다 꿈에서 깨어보니 내가 나비가 아니고 내가 아닌가? 그래서 생각해보니, 조금 전 꿈에서 나비가 됐을 때는 내가 나인지도 몰랐는데 꿈에서 깨어보니 분명 나였다. 그렇다면 지금의 나는 정말 나인가? 아니면 나비가 꿈에서 내가 된 것인가? 내가 나비가 되는 꿈을 꾼 것인가? 나비가 내가 되는 꿈을 꾸고 있는 것인가? 지금 나는 정말 나인가? 아니면 나비의 꿈속의 나인가?" 현실과 꿈이 다르지 않음을 비유한 이야기인데, 실제와 가상이 구별이 되지 않는 경우를 표현할 때 주로 인용된다.

조선후기의 소설 김만중의 『구운몽』에서도 지금 현재 벌어지고 있는 사람살이가 꿈처럼 덧없는 가상의 현실일 수도 있다고 말하고 있다. 육관대사 밑에서 불도를 닦던 성진은 용왕 생일잔치 다녀오는 길에 만난 8선녀와 희롱하고 나자 세상 부귀에 더욱 마음이 쏠리고 불가에 지루함을 느낀다. 그리고 이를 들킨 죗값으로 인간세상으로 유배되어 가난한 처사의 아들 양소유로 태어난다. 후에 승상이 되고 두 아내와 여섯 첩을 거느려 보지만 인생의 덧없음에 탄식한다. 봄 꿈같은 현실에서 깨어난 그는 다시 성진으로 돌아와 대사에게 자신의 잘못을 깊이 뉘우친다. 얼핏 이 글은 현실에서 꿈으로 그리고 다시 현실로 오가는 것으로 되어있지만 실상 현실은 꿈같고 꿈은 현실 같이 되어 현실과 환상의 세계를 넘나드는 걸 보여준다. 이처럼 인간은 현실에 발을 딛고 살고 있으면서도 부단히 현실이란 벽을 뛰어 넘고자 노력했으며 이는 다양한 상상, 문학, 예술, 철학 등의 이론과 작품으로 나타났다.

가상假想은 말 그대로 픽션허구, 상상, fiction의 세계이다. 시와 소설은 물론 음악, 미술, 연극, 드라마 등 모든 문예창작물들이 정도의 차이는 있지만 가상현실이다. 우리 인간이 그동안 문학과 예술이 그려낸 가상세계를 통해 많은 희망과 감동, 위안을 받으며 살아왔듯이 앞으로 비트코인과 블록체인이 가져올 가상의 세계도 공정하고 공평한 사회, 누구나 인간다운 삶을 여유롭게 즐길 수 있는 행복한 미래로 가는 밑거름이 되도록 만들기 위해 인문학이 필요하다.

하지만 디지털은 이렇게 자유와 평등을 가능하게도 해주지만 동시에 거품과 단절, 그리고 찰나성의 위험도 내포하고 있다. 인문학자들은 이러한 문제점들에 제동을 거는 역할을 해낼 수 있다. 예컨대 비트코인이 어느 국가의 통제도 받지 않기 때문에 돈세탁, 탈세, 범죄수익 은닉 등에 악용될 여지가 있다는 점, 분실이나 사고 시 책임을 지는 기관이 없다는 점, 이외에도 탈세, 투기, 사이버 범죄에 이용될 수 있다는 것에 경계와 경고를 게을리 하지 않을 것이다.

암호화폐, 빅데이터, 공유경제, 가상·증강 현실, 인공지능, 사물인터넷 등의 첨단 기술들의 총합인 4차 산업혁명시대는 상반된 것이 공존하는 세상이라고 한다. 삶의 방식이 근본적으로 변하고 있는 오늘, 인간과 기술 사이를 어떻게 하면 유연하게 조율할 수 있을지 우리의 고민이 깊어지고 있다. 오늘의 과제를 풀기 위해 과거로 눈을 돌려 해법을 찾는 다면 우리는 어떠한 것에 도움을 받을 수 있을까? 우리의 인본주의^{人本主義}전통은 그 답이 될 것이다. 우리 조상들은 늘 기계와 물건 그 자체 보다는 그것을 사용할 사람을 우선시했다. 길이와 넓이를 재는 우리의 계량법이 그 대표적인 사례이다.

우리나라 사람들은 치수를 재는 정확한 잣대 없이 살아왔다. 셈을 빠르고 정확히 하는 데에 필수적인 계산기구가 서민층은 물론 국가기관에서조차 실용화 되지 않았다. 기술 혁명에 필수적인 명확한 도량형과는 거리가 멀었다. 엄연히 저울이나 신식 계량기가 있는 요즘에도 시장에서는 저울이나 계량기는 그냥 장식품인 경우가 많다. 그저 손이나 키, 심지어는 손가락 마디를 이용하여 길이를 어림짐작한다. '한 치 걸러 두 치'라고 조금만 거리가 멀어도 크게 차이가 난다는 것을 알고 있었건만, '뼘', '촌', '치', 그리고 '길'이란 단위를 사용하여 멀고 가까움을 표시하였다. '열 길 물속은 알아도 한 길 사람 속은 모른다'는 속담도 자주 쓴다. 몇 미터, 몇 킬로미터로 표시하는 '길이'라는 말의 어원도 '사람의 키 정도 되는 길이'를 나타내는 '길'에서 나왔다는 설說이 있다. 과학적인 관점에서 보면, 길이나 크기를 나타내는 우리말에는 황당한 표현들이 많다. '백발이 삼천 장', '천 길 낭떠러지', '구만리 장천', '골백번 죽고 죽어', '혀가 만발이나 빠졌다', '열길 물 속', '키가 팔대장승같다' 등등이 그렇다.

이어령은 미터법의 예를 들어 서양의 계량법은 인간의 생활 경험에 토대를 둔 척도가 아님을 보여준다고 한다. 지구의 적도에서 극까지의 거리를 천만분의 일로 잘라내어 한 단위로 설정한 것이 1미터이다. 말하자면 인간의 실제 생활과는 아무런 관련이 없는 추상적인 법칙에 의해서 만들어진 척도이다. 그러나 십리라는 단위는 인간의 생활을 중심으로 하고 구체적 경험을 토대로 만들어낸 척도의 단위라는 것이다. 십리라고 하면 사람이 걸어서 한 시간 정도에 갈 수 있는 거리이다. 그리고 대체로 한 동네에서 이웃 동네까지의 거리가 바로 십리에 해당된다. 한국인의 애창곡인 아리랑에서 '십리도 못가서 발병난다'는 가사를 만약 미터법으로 고쳐서 '4천 미터도 못가서 발병이 난다'고 하면 이 노래의 전체 분위기가 깨지고 만다. 십리, 백리, 천리란 말은 단순히 거리를 재는 수학적 단위라기보다 꽃이니 구름이니 하는 경험적인 정서가 깃들어 있는 생활 언어라는 것이다. 이외에도 보통 사람이 단숨에 마실 수 있는 양을 말하는 '한 홉', 인간이 혼자 누울 수 있는 최소단위인 '한 칸'이 있다. 서양의 계량법이 인간의 실제 생활과는 아무런 관련이 없는 추상적인 법칙에 의해서 만들어진 척도라면 한국인의 것은 인간의 생활을 중심으로 하고 구체적 경험을 토대로 만들어낸 척도의 단위라며 인간위주로 고안된 지혜로운 계량법이라 주장한다.(『푸는 문화 신바람의 문화』, 이어령, 문학사상사, 2003)

이처럼 정확히 한 금, 한 금 따지지 않고 눈대중으로 길고 짧음을 표현하는 말이 많다 보니 우리의 사고방식도 대체로 두루뭉술하다. 한국인들은 대화할 때 '그렇다', '뭐하다', '거시기하다'처럼 말의 뜻을 명확하게 이해하기 어려운 표현을 자주 사용한다. '아무거나 시켜요', '적당한 시간에 와', '대충 알아서 주세요', '좀 뭐하거든 그만 두어요' 등 분명하게 구체적으로 말하지 않고 이런 표현들을 사용하여 말뜻을 흐림으로써 에둘러 말한다. 이야기를 분명하고 똑 부러지게 말하기보다는 우회적으로 말하거나 두루뭉술하고 불투명하게 표현한다.

또한 '두세 시 쯤'이라든가 '네다섯 시 쯤 만나자'는 식으로 시간약속을 하고, 가게에서 과일을 살 때 역시 '서너 개 쯤 주세요'라고 명확하게 필요한 숫자를 대지 않는다. 양에 대한 개념도 '짜장 곱배기'라는 말처럼 모호하다. 이러한 비논리적 표현은 치밀, 정확을 요하는 과학적 사고방식을 저해하는 요인이 되었다는 지적을 많이 받아왔다. 이 때문에 과학기술 문명의 도입이 늦어지고 근대화 전반이 낙후되었다고 한다. 하지만 이러한 특성들이 새 시대에는 오히려 필요한 자질로 주목을 받을 수 있다. 길이·양·무게 등을 재는 단위법의 도량형을 개발한 정확한 서양인들의 계산법에는 정작 사람이 빠져 있다. 하지만 우리의 것은 사람의 몸으로, 마음으로 재는 인간적인 계산 단위이기 때문이다.

사람은 숫자와 데이터로 전체를 설명할 수 있는 존재가 아니다. 숫자로 나타난 정보는 사람의 부분일 뿐, 아무리 이를 조합한다고 해도 완벽한 한 사람을 만들어 낼 수 없다. 그런데 기술이 첨단화되고 디지털 사회가 되면서 각종 숫자와 데이터에 몰두하게 되었다. 사람과 사람사이를 가깝게 하기 위해서는 우리 선조들처럼 눈대중, 마음대중으로 재어 보아야 한다. 인간본위를 생활 속에 실천해온 우리의 전통을 살려내기만 한다면, 기계와 로봇 그리고 사람이 공존하는 4차 산업에서 앞서갈 수 있을 것이다. 이미 진입한 4차 산업혁명의 흐름 속에서 기술에 의해서 대체되지 않을 한국인의 인본주의는 가장 강력한 국가자산이다. 이를 더욱 북돋우고 기술과 연결시키는 정책적 지원을 한다면 4차 산업혁명은 우리나라가 선도할 수 있을 것이다.

비트코인은 튤립 버블보다 심한 거품현상이라고 비아냥대는 사람이 있는 반면, 기존의 화폐를 대체할 미래화폐라고 예찬하는 지지자도 있다. 비트코인에 대한 평가와 찬반이 이렇게 엇갈리는 상황에서도 우리 일상 속으로 점차 파고드는 데에는 여러 가지 이유가 있다. 그 중 하나는 비트코인이 디지털 세상이 추구하는 가치개방, 공유, 혁신과 잘 부합되기 때문이다. 탈중앙화를 근간으로 하는 블록체인은 '혁신'적으로 비트코인을 거래하는 사람 모두에게 거래 장부를 '개방'하고 '공유'하게 함으로써 해킹을 무력화시켜 안전을 보장한다. 또한 복잡한 수식으로 거래 내역을 암호화해 블록을 생성하는데, 개인이 자신의 컴퓨터 자원을 활용해 이 작업에 참여하면 그에 대한 보상으로 비트코인을 준다. 즉 보상을 매개로 개인이 자발적으로 참여하도록 설계되어 있다. 여기에는 수학과 암호학뿐 아니라 경제학, 심리학, 철학 등 여러 지식이 녹아 있다.

비트코인은 디지털 시대를 위한 디지털 화폐이다. 디지털 시대의 특징은 구심점이나 구체적 실체가 없이 모든 것이 수평적인 사이버 공간에서 전자부호로 이뤄진다는 데 있다. 디지털 시대가 아니었다면 일개 개인이 국가 및 은행가들을 위협하며 감히 금융의 민주화를 꿈꾸어 볼 수 없었을 것이다. 비트코인의 숨은 철학은 국가 및 은행가들에게 치우쳐 있는 중앙 집권적인 금융의 힘을 개개인에게 배분하고자 하는 것이다. 한마디로 '금융의 민주화'이다. 비트코인으로 인해 화폐의 정의가 바뀌었고, 기존 경제학 이론의 근간이 뿌리째 흔들리고 있다.

또한 비트코인의 기반기술인 블록체인은 한마디로 공동체에 어울리는 기술이다. 블록체인은 다수의 참여가 있어야만 이루어진다. 슈퍼컴퓨터라 해도 컴퓨터 한 대, 두 대로는 블록체인을 만들 수 없다. 또한 블록체인 내에서 만들어진 결과물은 서로 공유하도록 되어 있다. 어느 하나가 혼자 다 차지하는 구조는 블록체인에서는 불가능하다. 인터넷의 비약적인 발전이 인류에 준 선물은 너무나 많지만, 구글, 페이스북, 아마존 같은 인터넷 대형 기업들이 모든 것을 독식하는 폐해 또한 불러왔다. 정보의 공유를 상징하는 인터넷 시대가 아이러니하게도 부의 편중과 자원의 독점을 오히려 가속화시킨 것이다. 미래학자들이 우려하는 바는 정보와 부가 한쪽으로 쏠림으로 인해 더욱더 심화된 양극화와 불평등의 사회가 도래하는 것이다. 블록체인은 이에 대한 좋은 대안이 될 수 있다. 그 안에는 누구 혼자만의 독식이 아닌 모두가 공유하는 나눔의 모델이 담겨 있다. 이런 점에서 비트코인과 블록체인은 단순한 기술의 집합체가 아니다.

비트코인은 세상을 바꾸고, 우리 삶을 바꾸고 있다. 비트코인은 경제현상이면서 사회현상이다. 기술혁명이면서 생활혁명이기도 하다. 어느 소설가가 비트코인을 소재로 소설을 쓴다면 전 세계가 하나의 화폐를 사용하고, 중앙집권적인 화폐시장이 존재하지 않으며, 청년과 여성에게로 부의 이동이 신속하게 일어나는 세상, 은행도 정부도 국경도 필요 없는 신개념 화폐가 주인공인 세상을 그릴 것이다.

지난 2009년 비트코인이 세상에 태어났다. 첨단 기술로 만들어진 화폐인 비트코인이 피도 눈물도 없는 차가운 기계 속에서 탄생한 것 같지만 알고 보면 사람이, 사람을 위해 만들어

낸 것일 뿐이다. 결국 디지털혁신의 산물인 비트코인의 키워드 역시 '인간다움'이다.